Bernhard Nolte

ROM ... so wie ich es sehe

Ein Buch über und durch eine außergewöhnliche Stadt

(Una guida straordinaria tra la città eterna)

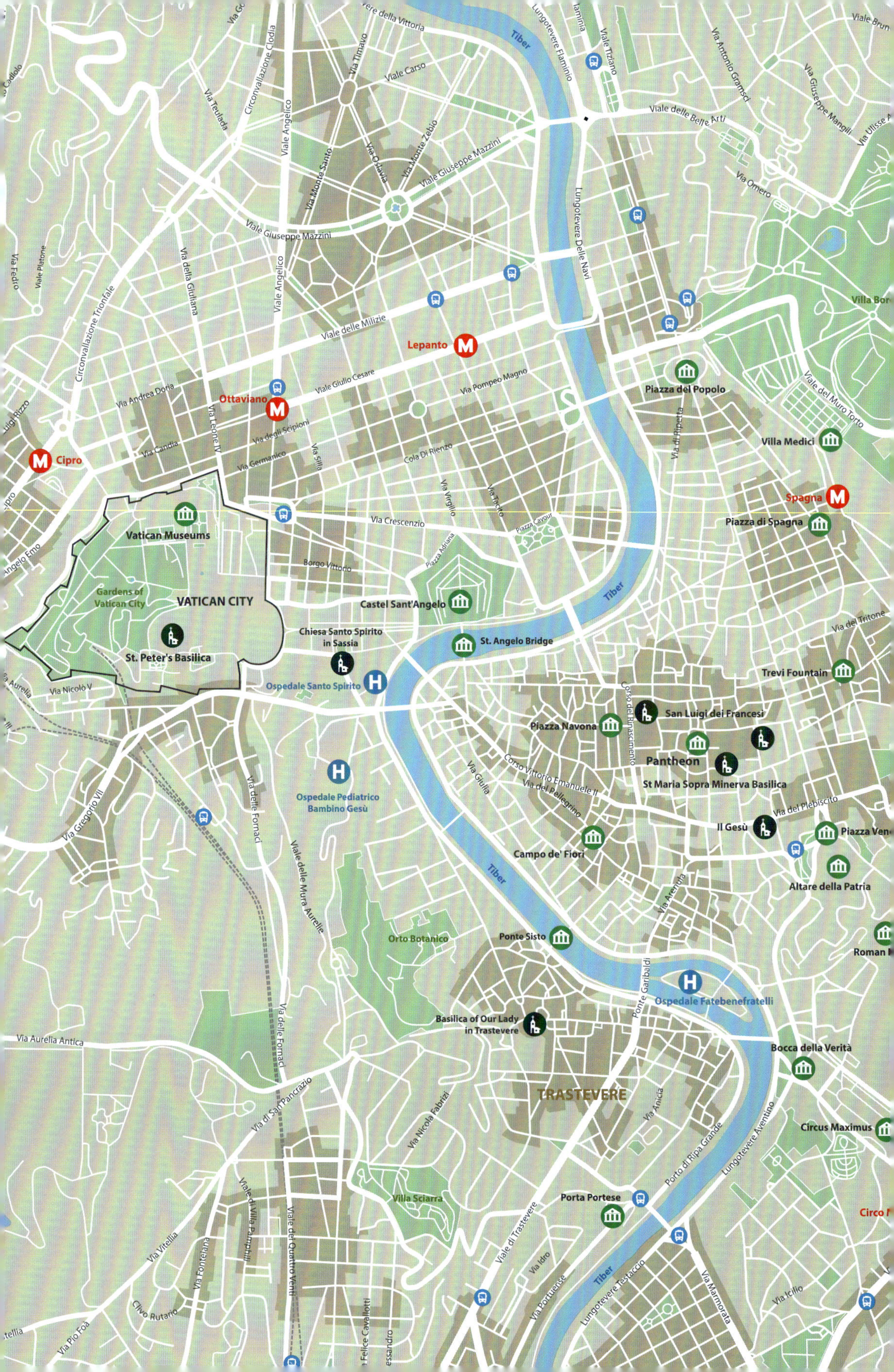

Tiber
Lungotevere Flaminio
Viale Tiziano
Viale delle Belle Arti
Via Antonio Gramsci
Via Giuseppe Mangili
Via Ulisse
Via Omero
Viale Bruno
Viale della Vittoria
Via Timavo
Viale Carso
Circonvallazione Clodia
Via Teulada
Viale Angelico
Via Monte Santo
Via Ottavia
Via Monte Zebio
Viale Giuseppe Mazzini
Lungotevere Delle Navi
Via Platone
Via Fedro
Circonvallazione Trionfale
Via della Giuliana
Viale delle Milizie
Lepanto
Viale Giulio Cesare
Via Pompeo Magno
Ottaviano
Via Andrea Doria
Via Leone IV
Via degli Scipioni
Via Candia
Via Germanico
Via Silla
Cola Di Rienzo
Via Virgilio
Via Tacito
Piazza del Popolo
Via di Ripetta
Viale del Muro Torto
Villa Borghese
Villa Medici
Spagna
Piazza di Spagna
Cipro
Vatican Museums
Via Crescenzio
Piazza Cavour
Piazza Adriana
Borgo Vittorio
Gardens of Vatican City
VATICAN CITY
St. Peter's Basilica
Castel Sant'Angelo
Chiesa Santo Spirito in Sassia
St. Angelo Bridge
Ospedale Santo Spirito
Via del Tritone
Trevi Fountain
Via Aurelia
Via Nicolò V
Corso del Rinascimento
San Luigi dei Francesi
Piazza Navona
Pantheon
St Maria Sopra Minerva Basilica
Corso Vittorio Emanuele II
Via del Pellegrino
Via Giulia
Ospedale Pediatrico Bambino Gesù
Via Gregorio VII
Via delle Fornaci
Viale delle Mura Aurelie
Il Gesù
Via del Plebiscito
Piazza Venezia
Altare della Patria
Campo de' Fiori
Via Arenula
Orto Botanico
Ponte Sisto
Roman
Ponte Garibaldi
Ospedale Fatebenefratelli
Basilica of Our Lady in Trastevere
Via Aurelia Antica
Bocca della Verità
TRASTEVERE
Via di San Pancrazio
Via Nicola Fabrizi
Via Anicia
Circus Maximus
Lungotevere Aventino
Porta di Ripa Grande
Villa Sciarra
Porta Portese
Circo M
Viale di Villa Pamphili
Viale dei Quattro Venti
Via Vitellia
Via Fonteiana
Viale di Trastevere
Via Idro
Via Portuense
Lungotevere Testaccio
Via Marmorata
Via Icilio
Clivo Rutario
Via Pio Foà
Via Felice Cavallotti

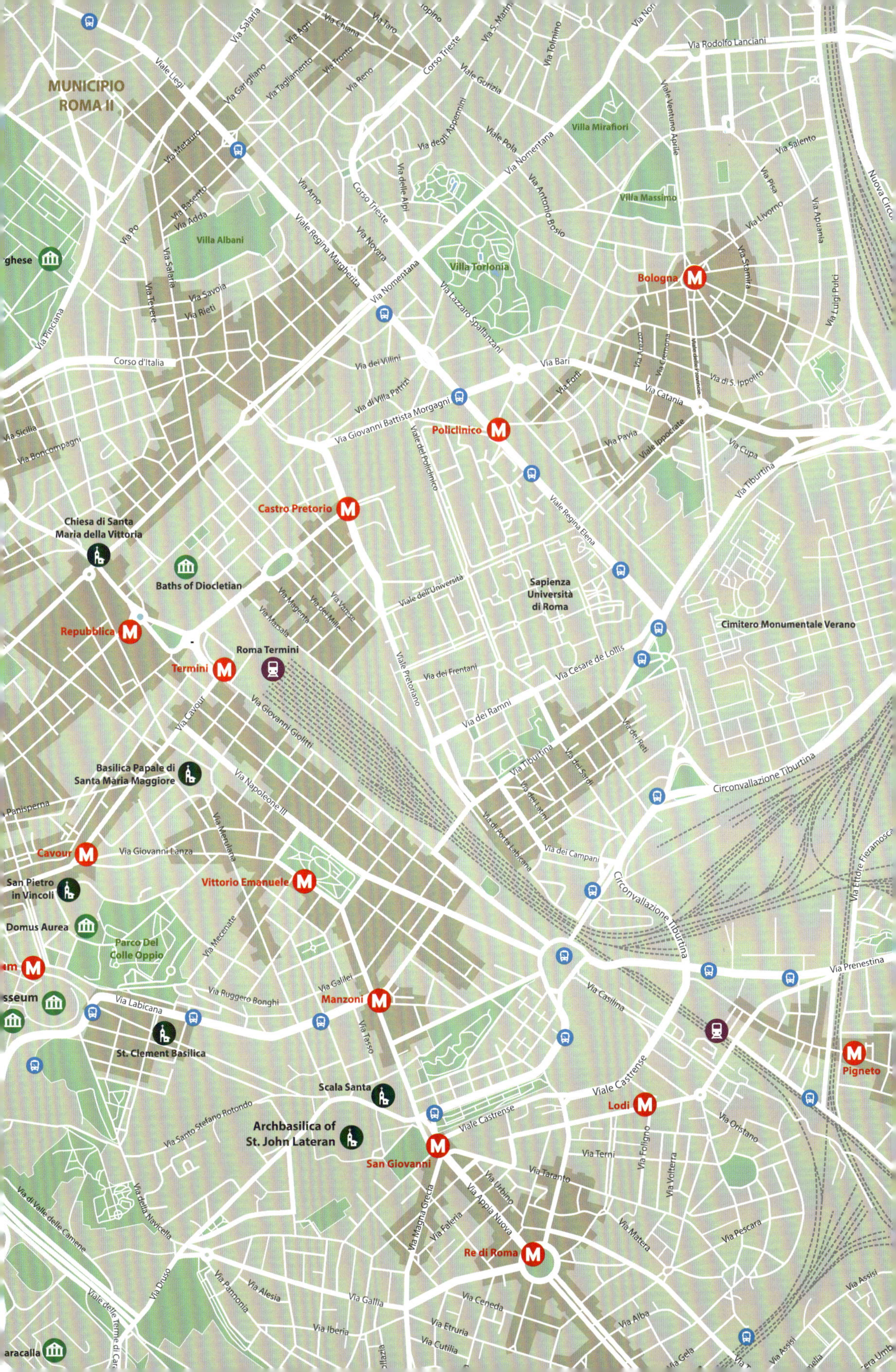

MUNICIPIO
ROMA II
Villa Mirafiori
Villa Massimo
Villa Albani
Villa Torlonia
Bologna
Policlinico
Castro Pretorio
Chiesa di Santa
Maria della Vittoria
Baths of Diocletian
Sapienza
Università
di Roma
Cimitero Monumentale Verano
Repubblica
Termini
Roma Termini
Basilica Papale di
Santa Maria Maggiore
Cavour
San Pietro
in Vincoli
Vittorio Emanuele
Domus Aurea
Parco Del
Colle Oppio
Manzoni
St. Clement Basilica
Scala Santa
Archbasilica of
St. John Lateran
San Giovanni
Lodi
Pigneto
Re di Roma
Via Salaria
Viale Liegi
Via Nomentana
Corso Trieste
Viale Regina Margherita
Corso d'Italia
Via Giovanni Battista Morgagni
Via Cesare de Lollis
Viale Regina Elena
Via dei Ramni
Via Tiburtina
Circonvallazione Tiburtina
Via Giovanni Giolitti
Via Napoleone III
Via Cavour
Via Merulana
Via Labicana
Via Prenestina
Via Casilina
Viale Castrense
Via Appia Nuova
Via Taranto
Via Magna Grecia
Via Gallia
Via Druso

Inhaltsverzeichnis

Leitfaden durch das Buch

Erstmal im Buch ankommen...
Iniziamo a leggere...

Ein Rombuch? Noch eins? Tatsächlich gibt es eine Menge Rombücher, nicht nur Baedeckers, Marco Polos oder was auch immer. Sei es wie es sei. Es liegt mir fern, mich in die Reihe von Schriftstellern, Philosophen und Archäologen einzugliedern, die etwas von und über ROM zu erzählen haben. Eine schon so stattliche Anzahl der schreibenden Zunft hat die Wunder und Monumente der Antike beschrieben, dass es mir fernliegt, einen neuen Führer **über** ROM zu verfassen. Da gibt es möglicherweise kompetentere und belesenere Menschen. Ich möchte Ihnen ROM aus meiner Sicht zeigen. Kein Buch über ROM eher ein Buch durch ROM. Ein subjektiver und verliebter Blick auf die Dinge in ROM, die mir wichtig sind und waren und all die wunderbaren Details dieser unglaublich intensiven Stadt. Nicht zuletzt bin ich selbst durch den Tourismus nach ROM gekommen, der uns heute manchmal schon schwer im Magen liegt. In Barcelona, London und ROM wird das besonders deutlich. Ich bin mir sehr bewusst, dass ich in meiner Zeit als Reiseleiter, Romführer und Organisator meinen Anteil an diesem überfallartigen teutonischen Eindringen in die Heilige Stadt hatte – auch wenn sicherlich nur ein kleines Glied in der Organisationskette. Mein erster Versuch ROM näher zu beschreiben hatte ich schon relativ schnell nach dem Ende meines Engagements. Ich hatte damals das Bedürfnis, mich mit den Touristen und meinen Kolleginnen und Kollegen der Branche zu beschäftigen, die es Jahr für Jahr in die italienische und römisch-katholische Hauptstadt zieht. Dies war natürlich auch kein „Reiseleiterreport" wie ihn möglicherweise namhafte Illustrierte und andere Käseblätter sahen, obwohl ja nicht alles unwahr ist, was sie so beschreiben .... Es war der Versuch eines Lobliedes (oder auch nicht) auf die wackeren Teutonen und ihre Heerführer, die ROM zu einem Zentrum irgendwie Gleichgesinnter gemacht haben. Obwohl ich schon viele Jahre Abschied von diesem „Beruf" (kommt von „Berufung" – la mia vocazione) genommen habe, konnte ich mich nie mehr davon freisprechen, mal wieder dort tätig zu sein oder zumindest davon zu träumen. Auf jeden Fall war es immer mein Ziel, meine Erfahrungen und Romliebeleien in einem Buch zu verewigen. Jetzt ist es im Gegensatz zu früher eher ein Romwegweiser – weniger ein Reiseleiteroman. Obwohl ich mir die ein oder andere Geschichte (vi racconterò storie e annedoti personali) nicht verkneifen konnte. Alles aber aus einer tiefen Verehrung dieser Stadt, einer herzlichen Zuneigung und einer durchaus nicht unkritischen Bewertung seiner nie endenden Geschichte. Vielleicht können die verehrte Leserin und der verehrte Leser dies am Ende des Buches nachvollziehen. Denn trotz mittlerweile doch deutlich besseren Hotels und Gästehäusern, Air Conditioned Reisebussen, manchmal sogar richtigen Frühstücksangeboten, U-Bahn-Verbindungen (na sagen wir, ein wenig unter der Erde gibt es auch) bleibt eine ROM-Reise immer ein Abenteuer. Dank italienischer Mentalität, unglaublich perfekter Infrastruktur und dem unwiderstehlichen Organisationstalent (Achtung: Scherz!) bleibt es so: *Un' avventura italiana!*

Nach vielen Jahren habe ich mich entschlossen, meinen Romblick noch einmal zu schärfen. Dahin zu fahren, wo meine intensivsten Erinnerungen ruhen und diese mit meiner Familie, meinen Freunden und mit Ihnen zu teilen. Ihnen meine posti favoriti zu zeigen, mit Ihnen durch ROM spazieren zu gehen und die Kultur und Atmosphäre der Stadt einzuatmen. Ich zeige Ihnen **mein ROM**. Sicherlich wird Ihnen das ein oder andere fehlen und weitere Dinge werden Ihnen völlig unbekannt sein. Gehen Sie mit mir einfach mal unbeschwert zu den schönsten Plätzen, Monumenten und Kirchen der Welt! Und ein wenig italienisch kann man auch noch mitnehmen!

Nehmen wir unseren Johann Wolfgang mit und lassen uns ROM von ihm erklären:

Si, finalmente sono arrivato alla CAPITALE DEL MONDO!

Ora posso vedere tutti i sogni della mia Gioventù diventare Realtà...

Soltanto a ROMA è possibile capire ROMA.

Ich übersetze es mal nicht...

Aber erstmal müssen wir auch dorthin!

I. Auf geht's! *Andiamo!*

Der Entschluss zu einer Reise in südlichere Gefilde führt in deutschen Landen dank Wetter, Nachbarns (die waren letztes Jahr auch da), TV-Dokus und Kirche (die spielt immer noch ne große Rolle) schnell ins Internet oder Reisebüro. Die Erwartungen, die sich an eine solche Reise knüpfen, sind vielfältigster Natur. Die einen sind durch die vielen Vorinformationen gespannt auf die unzähligen geschichtsträchtigen Monumente aus Travertin und rotem Marmor, andere wollen den Papst sehen und freuen sich auf die Generalaudienz oder den live Segen „urbi et orbi" auf dem Petersplatz *(Piazza San Pietro)*, wieder andere auf die italienische Art zu leben (modo di vivere) mit erlebnisreichen Abenden auf den schönsten Plätzen und Aussichtsbereichen (Piazza Navona, Campo de' Fiori, Gianicolo kommen später! Versprochen!). Das Hotel sollte zum Preis einer Jugendherberge, citynah, äußerst komfortabel (Bad, Klimaanlage, Pool?), kontinentales Frühstück inklusive und sonst noch was haben. Es gibt aber auch immer noch einige, die nach ROM kommen, um ein anderes Land, andere Sitten und Gewohnheiten und andere Menschen kennen zu lernen. Es hilft sehr, wenn man offen für Überraschungen ist. Und die gibt es en masse *(un sacco pieno di sorprese)*!! Aber soweit sind wir ja immer noch nicht.....

Nach dem Entschluss zur Reise nach ROM gibt es viele Fragezeichen, wie man sich der Ewigen Stadt *(Città eterna)* nähern kann. Viele bevorzugen eine Gruppenreise (früher nannte man das gern Pilgerreise) mit einem bekannten Reiseunternehmen oder z. B. einer Pfarrgemeinde. Auf jeden Fall dankt es das einnehmende Reisebüro mit einer Emailbestätigung, einem ausführlichen Reiseprogramm und der Zahlungsaufforderung. Das Reisefieber kann beginnen. Auch die zugewiesenen Reiseleiter haben eine Art Reisefieber, allerdings ist es ihnen streng verwehrt, dieses offenkundig zu machen. Sie beschäftigt die Fragen, ob das backoffice im Reisebüro *(agenzia di viaggi)* mal wieder ein Hotel doppelt gebucht, Eintrittskartenbestellungen vergessen oder Zugreservierungen verbaselt hat. Da könnte ich Geschichten erzählen... Eine Frage, die auch nächtliche Träume durchweht, ist meist, ob der angekündigte Generalstreik *(sciopero generale)* tatsächlich kommt oder ob es vielleicht doch nur ein Bahnstreik *(Sciopero dei ferrovieri)* wird, was allerdings auf das Gleiche rauskommt. Auf jeden Fall ist man gespannt, welche Überraschungen (*sorprese* – hatten wir schon, aber kann man nicht genug lernen) das Land der unbegrenzten Unmöglichkeiten *(paese delle opportunità o dell'impossibilità)* mal wieder bereit hält und der wichtigste Reisefaktor: Scheint die Sonne?? (Splende il sole?).

II. Der Reiseauftakt
l'inizio del viaggio

Als Anreisebeispiel wählen wir jetzt mal die pauschale Gruppenreise per Zug *(viaggio in treno)*. Die Frage, ob die Reise insgesamt ein Reinfall wird oder sagen wir schon sehr belastend beginnt, entscheidet sich oft schon in der Schweiz. Vielleicht hat man die Reise wegen der langen Fahrt am Vierwaldstättersee in Luzern oder Brunnen unterbrochen, zu kurz aber teuer geschlafen, dem Dauerregen getrotzt, den Rigi Aufstieg verpasst und sich in schlechte Laune begeben. Der gewiefte Reiseleiter, der sich in seiner hohen Professionalität sofort in die bedrohte Lage der anvertrauten Gäste hineinversetzen kann, braucht nur die morgen zu durchbrechende Wasserscheide des St. Gotthard- Massivs mit jetzt schon leicht italienischem Flunkern zu preisen. Mit umschweifenden Worten berichtet er, wie oft sich das Wetter nach dem St. Gotthard-Tunnel *(galleria del San Gottardo)* perfekt italienisch azurblau *(azzurro)* -- trotz Hagel und Regen auf der hiesigen Seite- in Airolo nach 15 dunklen Kilometern unter mehr als 1000 Meter Fels auf der Südseite zeigt. Zu meiner aktiven Zeit gab es nur den über 100 Jahren alten Eisenbahntunnel.

Seit 2016 geht es direkt vom Vierwaldstättersee nach Altdorf durch den Gotthard-Basistunnel ***(Galleria di base del San Gottardo)*** *mit unfassbaren 57 km und einer Höchstgeschwindigkeit von 200 km/h ins Tessinische nach Biasca kurz vor Bellinzona. Die Fahrtzeit beträgt 17 Minuten. Die reine Bauzeit des längsten Eisenbahntunnels der Welt betrug 20 Jahre.*

Es bleibt aber heute wie damals immer noch die Frage aller Fragen. Bei der Durchfahrt des Tunnels knüpft sich die Hoffnung aller fortan an diesen Koloss aus 3000 m Fels, der einem hoffentlich gut gesinnt ist. Die Anspannung ist kaum zu ertragen. Das Herz des Reiseleiters dröhnt fast lauter als die eintönige Musik der Gleise. Denn er allein weiß, was alles davon abhängen kann. WEHE, wenn es auch drüben regnet! Die Gruppe, die mit ihm reist, hat sich noch kein genaues Bild von ihm gemacht. Zwar war seine Begrüßungsrede rhetorisch einwandfrei, sein Auftreten selbstsicher professionell und seine Freundlichkeit enorm, aber WEHE! Alles hängt an diesem Moment! Sollte die Sonne nach San Gottardo scheinen, dann ist die Partie halb gewonnen. WEHE nicht! In den Abteilen raunt es dann: „ Das haben wir uns doch gleich gedacht", „alles Fassade, diese Stinkfreundlichkeit", „das erzählt er doch wohl immer", und es ist dann fast alles verloren. Sollte dann in Florenz (Firenze) das Essen nicht ausgezeichnet und überreichlich (excellente e opulento), die Hotelzimmer nicht unglaublich sauber und mit jedem Komfort versehen, die Kellner überfreundlich (camieri amichevoli) und die angekündigte Klimaanlage (aria condizionata) auch tatsächlich funktionieren, dann ist man nahezu geliefert. Es kostet dann unmenschliche und ungeheure Mühe, um alles wieder ins rechte Lot zu bringen.

III. Florenz
Firenze

Florenz ist oft Zwischenstation auf dem unaufhaltsamen Weg nach ROM. Diese herrliche Stadt würde aber damit deutlich unter Wert verkauft. Viele „Pilger" nehmen die Stadt als Zwischenstation sozusagen in Kauf. Aber das ist wirklich unpassend. Florenz ist ein eigenes Buch mehr als wert. Ein legendärer Abend auf der Piazzale Michelangelo mit Abendsonnenblick, ein Prosecco auf der Piazza della Signorina, einmal David sehen in den Uffizien. Stop! Kein Florenzbuch. Aber bitte beim nächsten Italienbesuch Florenz einplanen und meine Lieblingsstadt Padua (Padova) mit dem größten Platz Europas, Prato della valle und natürlich der Basilica des heiligen Antonios. Bei allem Respekt vor den vielen Heiligen Italiens. Er ist „Il Santo"!!! Kommen wir zurück auf die Bewunderungen Florenz: „Schön, dass man hier alles so alt gelassen hat". Gut, dass die Paläste noch so sind wie früher" oder ähnliches! Die Konsequenz aus dieser wunderbaren „Altertümlichkeit" wagt allerdings kein Tourist (oh sorry: Pilger) zu ziehen. Denn viele eben ehemalige Paläste sind nun Hotels und es ist für die Besitzer extrem schwierig, diese Hotelzimmer mit jeglichem Komfort auszustatten. Unsere lieben Reisegäste sehen das ziemlich anders. Sie hätten gern alle Zimmer als moderne Appartements mit mindestens 4* Komfort. Was aber wäre, wenn ein moderner neuer Hotelkomplex im Zentrum stände. Da tanzte aber der Bär auf der Piazza della Signorina. Beim arrangierten Abend auf der Piazzale Michelangelo glaubt ich noch an den begeisterungsfähigen Touristen, der mit den Worten „phantastisch" oder „so schön hätte ich mir das nicht vorgestellt" in Begeisterung schwelgt und das bisher gewonnene „Image" seiner Mitreisenden aufpoliert. Schnell sind diese Ereignisse vergessen, wenn man bei der Rückkehr an der Bar die liebgewonnenen Reisegäste wiedersieht. So Anmerkungen wie „ sagen Sie mal, wer hat diese Katastrophenzimmer ausgesucht?" oder „wird hier in Italien eigentlich nie geputzt?" beenden alle Reiseleiterträumereien. Die Gage ist halt auch Schmerzensgeld! So schwankt man zwischen den Extremen – Liebe zum Beruf oder Serviceunternehmen mit Gästeverwöhnzuschlag (supplemento di gentilezza). So freut man sich einfach nur auf die nächste Reiseetappe ROM. Hier bleibt selbst dem härtesten Touristen keine Zeit, sich um das Hotelzimmer zu kümmern und sein eigenes Verwöhnprogramm zusammen zu stellen. ROM bietet so viel, unendlich viel, manchmal schlicht zu viel, so dass auch der gestandene Teutone ausgelastet ist.

IV. Auf nach ROM

Tutte le strade portano a ROMA

Die Stimmung im Zug befindet sich auf einem gewissen Höhepunkt, wenn die Kuppel von Sankt Peter (San Pietro) weit hinten am Horizont ins Blickfeld der Reisenden kommt. Jedermann kennt sie von Bildern, Reportagen, „Urbi et Orbi" usw., aber wie schön muss es sein, selbst dort zu stehen. ROM ist eine Reise wert und unter diesem Motto drängen sich alle Erwartungen. War es nicht unser lieber alter Goethe, der mit allem Respekt anmerkte, dass er „endlich in der Hauptstadt der Welt angelangt" sei. Dass er sich am 01.11.1786 dann noch als Johann Philipp Möller ausgab, war wohl der damaligen Popularität eines Johann Wolfgang von Goethe geschuldet. Heute besuchen so viele (angeblich) Prominente die Stadt und niemand merkt es! Wir auch! Aber die Touristen à la Meier, Möller und Schulze kommen nicht nur hierhin, um die Schönheiten zu besichtigen und zu bewundern. Sie üben sozusagen eine Kontrolltätigkeit aus. Ihr Besuch in der Heiligen Stadt (città santa) ist eine Art Inspektionsreise, ein Vergleich, eine, wie man jetzt so bedeutsam sagt, eine Qualitätsanalyse!

Man überprüft die Fassaden der Kirchen und Paläste mit den Bildern in den Reiseprospekten, den ***Frascati*** mit dem milden Mosel, den Chianti Classico mit dem aus dem Discounter für 2,49 €, das Birra mit dem Dortmundigen oder dem Kölsch, die Einheimischen mit dem italienischen Untermieter der 3. Generation und natürlich die Trattoria in Trastevere mit dem Pizzabäcker „ Da...sonst was" an der Kreuzung ums Eck. Ich will das gar nicht so negativ sehen, schließlich stellen wir uns ja alle irgendwelchen Qualitätsprüfern, aber hier geht es um mehr. Es ist die Frage aller Fragen: „Ist es nicht doch zu Hause am schönsten?" Für die Zuhausegebliebenen gibt es natürlich ein klares Feedback, denn die Postkarte in die Heimat, das Whatsapp-Profilbild und was auch immer schmückt ein wolkenloser Himmel – auch wenn gerade einer dieser unvorhersehbaren römischen Wolkenbrüche einen selbst platschnaß bis auf die Haut aufgeweicht hat. Selbstverständlich ist das Essen vorzüglich – auch wenn sich der ein oder andere nach dem Essen fragt, wann endlich der Hauptgang kommt – der Vino unglaublich *(incredibile)* und der Service italienisch beschwingt. Zuhause hätte der Gast wahrscheinlich schon persönlich Hand an den Kellner gelegt ...

Zu Hause soll man doch wenigstens wissen, dass die touristische Welt noch in Ordnung ist. Für angesammelte Aggressionen gibt es ja schließlich immer noch den Reiseleiter. Zum Glück sind viele Menschen aber auch dankbar, diese unglaubliche Stadt kennenlernen zu dürfen und verbergen nicht ihre Hochachtung vor den Leistungen des anderen Volkes, der schier unendlichen Zahl von Baumeistern, Architekten und Künstlern. Immer mehr stellen sich auch schnell auf den veränderten Lebensrhythmus und die mediterranen Gepflogenheiten ein. Sie finden es herrlich, wenigstens für ein paar Tage „capacile vivere" zu sein und den Spruch der heimischen Fußmatte „Carpe diem" in die Tat umsetzen zu dürfen. Vielfach reißt auch die Begeisterung andere mit, eine positive Epidemie der Bewunderung geht um und so stehen sie staunend vor den Reichtümern des Altertums und ziehen ihren Hut.

Die Hotelzimmer werden immer gleichgültiger, das Essen immer gemüsiger, der Kaffee immer stärker und schwärzer und die Laune immer erhabener. Oft ist es aber auch die Müdigkeit, die die Vergleichssucht ablöst. Unsere wackeren Teutonen bringen schier unendlich große Leistungen. Nehmen wir mal einen „normalen" touristischen Arbeitstag in ROMA, dann erkennen Sie schnell, was da geleistet wird!

Respekt (*Rispetto)*!

06.30 Uhr Wecken *(sveglia)*

07.30 Uhr Frühstück *(prima collazione)*

08.15 Uhr Abfahrt (partenza) der Busse zur Stadtrundfahrt: Katakomben mit Führung der Patres durch die Domitilla-Katakombe, Sankt Paul vor den Mauern (vorne rein, hinten raus), Fahrt durch EUR, Santa Sabina auf dem Aventin (schneller Blick durchs Schlüsselloch) und zurück zum Hotel

13.00 Uhr Mittagessen *(seconda collazione)*

14.15 Uhr Abfahrt der Busse zur Stadtrundfahrt II:

Sankt Peter mit Besuch der Papstgräber (für die Kuppel ist keine Zeit), Engelsburg, Piazza Navona mit kurzem Eisausstieg fürs Tartufo, Pantheon (vorne rein, vorne raus) mit kurzem Spaziergang zur Kirche Santa Maria sopra Minerva, Trastevere, Gianicolo mit herrlichem (Foto) Blick auf ROM und zurück zum Hotel

19.00 Uhr Abendessen *(cena)*

20.15 Uhr Abfahrt der Busse zur Stadtrundfahrt
„ROM bei Nacht *(ROMA di notte)*"
mit Aufenthalt auf der Piazza Navona,
Rückfahrt (ritorno) zum Hotel ca. 23 Uhr.

Und am nächsten Morgen?! Nein, nichts da!
Ausgeschlafen wird zu Hause *(si dorme a casa sua).*

Wir machen es natürlich viel besser. Wir nehmen uns Zeit für unsere Spaziergänge (passeggiate). Wir wollen ROM nicht nur sehen, wir wollen fühlen, Atmosphäre schnuppern, die vielen Kleinigkeiten am Wege mitnehmen, genüsslich auch Kulinarisches erfahren. Wir erobern ROM zu Fuß. Gehen Sie mit mir auf fünf ausgewählte größere Spaziergänge. Gern können Sie diese eher abbrechen oder später in den Weg einsteigen. Es wird Ihre ROM-Erfahrung, Ihr Weg durch die Stadt. Wenn Sie sich tiefer über alles an Ihrem Wege Liegende informieren wollen, schauen Sie jeweils auf die weiteren Anmerkungen im Buch. Dort habe ich Ihnen ausgewählte Objekte näher beschrieben. Die Eiligen finden die wichtigsten Infos im Text! Nun viel Freude und gutes Schuhwerk *(Vi auguro belle passeggiate, tanta gioia e scarpe robuste).*

Na fangen wir mal an mit dem

V. Panorama von ROM (*Panorama di ROMA*)

Vor uns liegt die Stadt, die einst eines der größten Reiche der Geschichte beherrschte. Eine Stadt, die auf London oder Paris als bloße Kolonien herabsah. Dieses ROM ist von kaum zu erfassender Zeitlosigkeit. Von allen wichtigen Epochen ihrer stolzen Vergangenheit sind steinerne Beispiele geblieben. Dem antiken ROM (antica ROMA), selbst der von Romulus und Remus gegründeten Stadt, kann man noch in vielen Resten begegnen. Unübersehbar sind die Zeugnisse aus frühchristlicher Zeit, ganz zu schweigen von den Bauten des Mittelalters, der Renaissance und des Barocks. Ein weiter Bogen spannt sich vom Forum des Trajan (Foro di Traiano) bis zum (leider) daneben liegenden Denkmal Viktor Emmanuels II. (Monumento di Vittorio Emmanuele II.) und jedes Stadium dazwischen hat unendliche Zeugen.

Die sieben Hügel der Stadt versprechen mehr als sie halten. Teilweise begeht man sie unbemerkt. Sie liegen alle an der Ostseite des nicht allzu wasserreichen Tibers, der die italienische Metropole in zwei ungleiche Hälften teilt. Der höchste von ihnen ist der kapitolinische Hügel (Campidoglio) mit 59 m und der niedrigste der Esquilin (Esquilino) mit 30 m. Dazwischen liegen die uns später noch intensiver begegnenden Palatin, Quirinal, Viminal, Caelius und Aventin. Größere Höhen erreichen drei stadtnahe Erhebungen, die uns wunderschöne Blicke schenken werden: der Pincio, der Monte Mario mit der Sternwarte und der allseits beliebte Gianicolo. An allen diesen Punkten bietet sich dem Auge eine Fülle faszinierender Blicke. Die Stadt hat einen unendlichen Charme, wo fast alle Straßen zu einem Brunnen, einer barocken Freitreppe, einer Kirche oder einer Kuppel führen. Ganz ROM ist ein Museum, vielleicht das Museum überhaupt.

Die Romulus und Remus säugende Wölfin am Senatorenpalast

*Die Sage berichtet in der römischen Mythologie, dass die Gründer ROMs Kinder des Kriegsgottes Mars und der Priesterin Rhea Silvia waren und von einer Wölfin gesäugt aufgezogen wurden.**

Der 21. April 753 v. Chr. gilt nach den Annales als Gründungstag ROMs, gefeiert als „natale di ROMA". Romulus soll damals die sog. ROMA Quadrata mit einer Furche umrissen haben. Sie lag am gegenüberliegenden Tiberufer in der Nähe der Tiberinsel (isola tiberina), bekannt als das Pomoerium, der Bannkreis der Romulus-Stadt. Er lag zwischen dem Forum Boarium, dem ehemaligen Viehmarkt, wo heute Janusbogen, Vestatempel und der Tempel der Fortuna Virilis liegen und dem Palatin. Das Forum Romanum gehörte anfangs noch nicht dazu. Nur wenige Überreste z. B. auf dem Palatin und die Spuren eines Hüttendorfes (Pagus) erinnern an diese Zeit. Die Entwicklung der Stadt ging rasch und kräftig voran. Unter den sieben Königen nach Romulus bis Tarquinius Suberbus entstanden umfangreiche Bauten, so z. B. die Cloaca Maxima, als Abwasserabfluss aus den Höhen, dessen Einmündung in den Tiber von der Ponte Rotto noch deutlich zu erkennen ist. Die republikanische Zeit mit den Servianischen Mauern aus 390 v. Chr. beschrieb schon einen Umkreis von 11 Kilometern als Stadt. Sie sollte nach den Brandschatzungen der Gallier die aufblühende Stadt vor weiteren Angriffen schützen. Aus dieser Zeit stammen auch die Aquädukte im Süden der Stadt, 312 von Appius Claudius begonnen und in der Kaiserzeit vollendet.

So richtig Fahrt nahm die Stadtentwicklung ungefähr im 2. Jahrhundert v. Chr. auf. Für die Entwicklung der römischen Architektur und Kunst kam ein neues Element auf, der Rundbogen, zunächst als Erweiterung der flachen Bedachung gedacht, dann als selbstständiges und tragendes architektonisches Element wie bei den Triumphbögen, Brücken, Toren und Aquädukten. Zur Zeit des Sulla (138 bis 78 v.Chr.), mit vollem Namen Lucius Cornelius Sulla Felix (so viel Zeit muss sein), erreichte dieser Baueifer seinen Höhepunkt, so z. B. auch das Tabularium, der Unterbau des Kapitols, den wir später noch vom Foro Romano sehen werden. In dieser Zeit von Streitigkeiten und Korruption begann sich ROM – gleichwie zur Ablenkung – mit Marmor und Statuen zu schmücken. Heute sind wir dafür dankbar. In allen Fragen rund um Begünstigung und Korruption steht Ihnen auch heute die italienische Politik gern zur Verfügung. Aber das Thema sollten wir erst wieder heute Abend beim ***Prosecco**** oder ***Chianti Classico Riserva**** aufwärmen. Da lösen sich die Konflikte einfach schneller! Jetzt geht es erstmal los! Auf in die Stadt!

Andiamo avanti!

6.1 ROM I von oben – der romantisch idyllische Spaziergang über den Gianicolo
(Trastevere – Gianicolo – Piazza San Pietro – Basilica San Pietro)

Bei der Beschreibung dieses Spazierganges fühlt man sozusagen direkt beim Schreiben das Romgefühl (sentimento Romano) in der Feder. Die Gedanken verfolgen den Weg mit und sehen – ohne zu sehen – jeden Winkel der Gassen und Wege. Dieser Spaziergang hat es in sich und kann nach Bedarf gerne „gesplittet“ werden. Begeben wir uns in die Mitte des alten Viertels ***Trastevere**** – also von der Stadt aus gesehen jenseits des Tibers – weg vom alten historischen Zentrum.

---

*Das Viertel Trastevere ist wohl das ursprünglichste und faszinierendste Viertel der Stadt. Ursprünglich war es das Arbeiterviertel des alten ROMs. Hier wohnten die einfachen Leute.**

So gelangen wir von der ***Tiberinsel*** (Isola Tiberina) über die Via della Lungaretta zur ***Piazza Santa Maria in Trastevere****, wo die älteste Marienkirche auf uns wartet und die Mosaiken über der Vorhalle uns gleich eines Sternenhimmels begrüßen.

---

*Nachdem es an dieser Stelle schon im 3. Jahrhundert eine Hauskirche gegeben hatte, errichtete Julius I. eine große Basilika, die im 12. Jahrhundert von Innozenz II. völlig neu konzipiert wurde.**

Wir sind mitten im typischten aller alten Romviertel und genießen die außergewöhnlich romantische und doch geschäftige Atmosphäre. Aus einem Viertel, das ein „normaler“ Römer früher niemals betreten hätte, ist in den letzten Jahrzehnten ein absoluter IN-Treff geworden.

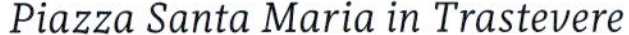

Piazza Santa Maria in Trastevere

Blick in die Kirche mit den Mosaiken in der Apsis

Impressionen aus Trastevere

Trastevere lädt ein

Wir lehnen die Verführungen zahlreicher Trattorien und Bars ab und machen uns auf den Weg über die Via della Paglia und Via Garibaldi zur ***Chiesa San Pietro in Montorio**** und lassen uns Zeit, Bramantes kreisrunden ***Tempietto**** zu bewundern und schwelgen kurz in der Blüte der Renaissance. Schade, dass man nicht mehr direkt den „tempietto" besuchen kann, sondern erst den Umweg durchs Museum wählen muss. Allerdings kann man am Gitter schon mal „spieksen" …

*Die in der Renaissance errichtete Klosterkirche San Pietro in Montorio stammt großteils aus dem 15. Jahrhundert und verdankt ihren Bau verschiedenen Schenkungen.**

Aufgang zur Kirche und Museumseingang

Il tempietto di Bramante

Wir verlassen das Franziskanerkloster, das heute noch von der spanischen Botschaft in Anlehnung an die enge Bildung zu Spanien als Fortbildungsgebäude genutzt wird, über die Stufen der Treppe von San Pancrazio und tauchen ein in das Plätschern der ***Fontana dell'Acqua Paola.****

Fontana dell'Aqua Paola

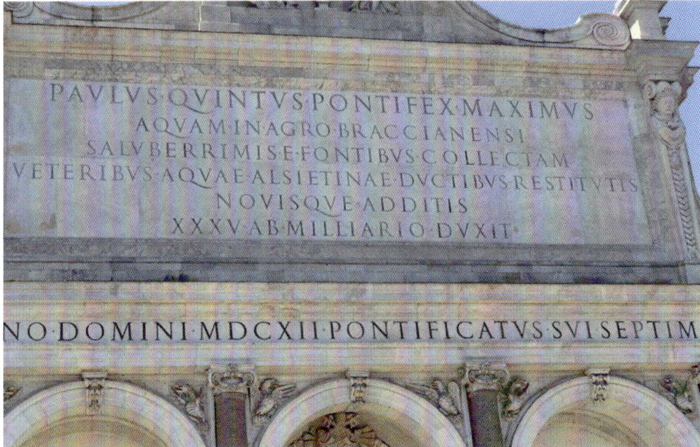

Inschrift zu Ehren Paul V.

*Dieser Fontanone wurde auf dem Gianicolo im Auftrag Papst Paul V., einem Borgheser, 1612 von den Architekten Flaminio Paola und Giovanni Fontana errichtet.**

Er ist benannt nach dem baulustigen Papst Paul V., der wie an vielen anderen Stellen ROMs den ***Weg des Wassers in die Stadt**** krönt, der Lebensgrundlage für Millionen. Wasser war und ist das belebende Element der Ewigen Stadt und ihr größtes Problem in Ver- und Entsorgung. So konnte sich ein Consul, ein Kaiser oder auch ein Papst besonders durch die Versorgung mit Wasser und dem Aufstellen repräsentativer Brunnen einen Namen machen und sich auch vom einfachen Volk Bewunderung und Ansehen holen. Auch bei den Besucherinnen und Besuchern sind die römischen Wasserspiele auf den zahlreichen Plätzen eine beliebte Attraktion ROMs.

*Die 1. Wasserleitung entstand schon 312 v. Chr. unter dem Censor Appius Claudius Caecus – schon 16 km lang und teilweise unterirdisch. Die 2. Leitung wurde 272 v. Chr. bereits 63 km lang.**

Nicht mehr weit und der (leichte) Aufstieg auf den ***Gianicolo**** hat sich gelohnt. Oben auf der Piazza Garibaldi öffnet sich ein phantastischer Blick auf die ewige Stadt mit ihren unzähligen Kirchen, Denkmälern und antiken Bauwerken. Schon sortiert und benennt der geübte Romblick die aus dem Gewirr der Straßen und Gassen herausragenden Gebäude. Man identifiziert die Kuppelschale des Pantheons, geht herüber zur Engelsburg und zum Petersdom, sucht irgendwo in der Mitte die freie Fläche der Piazza Navona und fühlt die Irritation der Augen bei der Entdeckung des Ehrenmals Victor Emmanuels II. an der Piazza Venezia. Man ist eins mit den Römern, dass diese „liebevoll“ genannte „Schreibmaschine“ oder dieses „Gebiss“ irgendwie nicht in dieses antike Ensemble passt. Dafür entschädigen weiter rechts das Kolosseum bzw. die Reste der Thermen des Caracalla. Die Albaner Berge (***Castelli Romani***) grüßen aus der doch so nahen Ferne.

*Der Gianicolo zählt nicht zu den sieben Hügeln, da er außerhalb des antiken Zentrums liegt. Er ist dem Gott Janus geweiht und wird von der Statue Garibaldis überragt.**

Blick von Gianicolo auf die Stadt

und die Albaner Berge im Panorama

Einen Moment möchte man ***Guiseppe Garibaldi**** sein, der in seinem Bronzekleid vom Reiterstandbild diesen wunderbaren Ausblick durchgehend genießen kann.

---

*Garibaldi war Guerillakämpfer und Protagonist der italienischen Vereinigung – des sogenannten Risorgimentos – und genießt ein hohes Ansehen in der italienischen Bevölkerung.**

Das Denkmal zu Ehren Giuseppe Garibaldis

Impressionen vom Gianicolo

Das gilt gleichermaßen für seine taffe Gattin ***Anita Garibaldi****, die nur eine kurze Wegstrecke weiter auf ihrer Piazzale mit Pistole in der Hand und Kind auf dem Arm die Freiheit Südamerikas immer noch zu verteidigen scheint.

Das Denkmal Anita Garibaldis

Blick vom Gianicolo nordwärts

*Die italienisch-brasilianische Freiheitskämpferin Anita Garibaldi war die ständige Weggefährtin Guiseppes (Josés) und immer irgendwie im Kampf und auf der Flucht.**

Übrigens sagt man, dass das nächtliche Panorama der Lichter ROMs vom Gianicolo betrachtet, die Form des Symbols der Kommunistischen Partei, Hammer und Sichel, zeichnen. Aber in ROM gibt es so viele Geschichten. Egal. Genießen Sie dort oben Ihren Cappuccino, Prosecco oder was auch immer. Das Panorama ist gratis, der Rest teuer ...

Der Weg führt am ***Faro**** vorbei und überrascht die Rombesucher.
Ein Leuchtturm in ROM? Die argentinische Italokonnektion machte es möglich!

*Die italienischen Auswanderer in Argentinien schenkten diesen 20 Meter hohen Leuchtturm „Faro del Gianicolo" aus lombardischen Kalkstein 1911 der Stadt ROM.**

Der „Faro del Gianicolo“

Die grüne Lunge Gianicolo mit Faro

Uns erwartet aber schon der nächste Sensationsblick im Kloster ***Sant'Onofrio**** mit seinem eindrucksvollen Kreuzgang und seiner schauspielerischen Vergangenheit. Die gleichnamige Salita geht's dann bergab Richtung Tiber.

*Die Kirche Sant'Onofrio stammt bereits aus dem 15. Jahrhundert und gilt als eines der frühesten Bauwerke der Renaissance und beeindruckt durch seinen wunderschönen Kreuzgang.**

An der Piazza delle Rovere hat Sie nicht nur der Tiber und das Getöse des Lungotevere wieder. Ein kurzer Medizincheck hilft bei der Entscheidung: Schluss mit dem Spaziergang (fine della passegiata)? oder belohnen wir uns nach einem kurzen Wegstück mit dem Blick auf Sankt Peter von der ***Via della conciliazione**** und gehen schnurstracks auf den Mittelpunkt der Christenheit zu. Die Straße der Versöhnung, die der Dokumentation der Versöhnung von Staat und Kirche dienen sollte, brachte den dort bis dahin lebenden und arbeitenden Menschen eher das Gegenteil. Auch Michelangelos geniale Idee, aus dem eng bebauten Viertel heraus mit einem „AHA-Moment“ auf die Weite des Petersplatzes zu schauen und diesen somit noch gigantischer aussehen zu lassen und somit aufzuwerten, war damit ebenfalls hin.

*Die Via della conciliazione benannt nach den Lateranverträgen von 1929, die die Versöhnung zwischen Italien, der Stadt ROM und dem Vatikan besiegelten, wurde 1936 eröffnet.**

Der ***Piazza San Pietro**** empfängt uns mit seinen weiten ***Bernini**** Armen aus ***Travertin****, um uns am Obelisken (den Kaiser Caligula höchstpersönlich 39 v. Chr. in Heliopolis für seinen Circus klauen ließ) und Brunnen vorbei zur Vortreppe dieses gigantischen Bauwerkes, der ***Basilica di San Pietro****, zu bringen.

Via della conciliazione

von der Kuppel San Pietro gesehen

Vorher ehren wir auch an dieser Stelle einen der genialen Bauwerker jener Zeit und stellen uns auf einen der Brennpunkte der Ellipse (centri del colonnato), die ***Bernini*** 1667 so perfekt errichten ließ. So erscheinen die vier jeweils hintereinanderstehenden der 284 Säulen aus ***Travertin**** wie eine einzige. Sie markieren die Staatsgrenze zwischen dem Vatikanstaat und Italien. Beileibe nicht die einzige architektonische Überraschung, die uns Bernini in ROM serviert. Auf der Brüstung imponieren uns die 140 Heiligenstatuen mit einer Höhe von 3,20 Metern. Ein Blickfang sind neben dem eindrucksvollen Obelisken in der Mitte die beiden seitlichen Brunnen aus dem 17. Jahrhundert.

Die Kolonnaden des Petersplatzes

aus der Sicht des Ellipsenzentrums

*Der Piazza San Pietro wurde von Bernini Mitte des 17. Jahrhunderts so angelegt, dass alle Gläubigen auf dem Platz freie Sicht zum Petersdom haben, um so Liturgien mitfeiern zu können.**

Piazza San Pietro

Der hl. Petrus als Kolossalstatue

*Travertin ist ein Stein aus der Umgebung ROMs und überzeugt durch seine wunderbare Farbe, sein geringes Gewicht und seine leichte Bearbeitung. Er schenkt der Stadt Sonnenschein.**

Um diesen wunderbaren Tag nicht zu belasten, lassen wir die wohl unendlich erscheinende Schlange an der Eingangskontrolle zu St. Peter rechts an den Kolonnaden mal außer Acht (wir haben durch ein Expressticket vorgesorgt) und treten ehrfürchtig und staunend durch die Vorhalle in die Basilika und nähern uns dem Grab des hl. Petrus – ad Petri sedem. Dieses Werk der wohl besten Künstler der damaligen Zeit wurde Anfang des 16. Jahrhunderts im Auftrage des Papstes Julius II. begonnen und im November 1626 eingeweiht. Zunächst genießen wir die unglaubliche Schaffenskraft eines ***Michelangelo**** bei seiner „Pietà" in der ersten Seitenkapelle rechts – nach dem Hammerangriff eines Wahnsinnigen unter Panzerglas – und gehen dann weiter zum blankgeküssten Fuß der Bronzestatue des hl. Petrus.

*Michelangelo Buonarotti ist vielleicht der bekannteste und angesehenste Künstler der Welt. Seine Werke, ob in Malerei, Bildhauerei oder Architektur, prägten besonders Florenz und ROM.**

Der gigantische Papstaltar ist uns aus Bildern und TV-Übertragungen mehr als bekannt, aber erst jetzt erkennen wir die riesigen Dimensionen, die durch die darüber liegende lichtschenkende Kuppel noch verstärkt werden. Wir genießen jeden Blick, jeden Stein, jeden Lichteffekt und nähern uns dem Papstaltar über dem Grab des hl. Petrus. Der Überlieferung nach fand der 1. Bischof ROMs hier 64 den Märtyrertod. Die Marmortreppe davor führt hinunter zum Petrusgrab und zur Ruhestätte vieler Päpste. Vor seiner Umbettung ein Muss, das Grab Johanns XXIII. dort zu besuchen.

Der Papstaltar mit Blick auf die Apsis

Darüber thront die Kuppel

Dem Massentourismus geschuldet kann man leider nur noch rechts vom Dom in die Krypta einsteigen. Schade! Werfen wir noch in der Apsis einen Blick auf Berninis Kathedraaltar, um dann links im Langschiff zur Sakristei zu gelangen. Entscheiden Sie selbst, wie lange Sie im Dom verweilen wollen. Ich lasse Sie hier allein – allerdings nicht ohne zu erwähnen, dass ich – während Sie noch unzählige Kapellen, Papstgräber und Statuen einatmen – beim Cappuccino oder Espresso gerne coretto al brandy – in der Sakristei den Kreislauf aufmöbele.

In der Sakristei? Eines der unzähligen Geheimnisse dieses Bauwerks! Ein Erlebnis mit Priestern und Bischöfen aller Herren Länder, Schweizer Gardisten oder Reiseleiterinsidern in der kleinen Bar hinter der Sakristei die Besucherströme allein zu lassen. Molto famoso!

*Die Basilica Sancti Petri in Vaticano ist die Hauptkirche und der Mittelpunkt der Christenheit. Schon Mitte des 2. Jahrhunderts wurde hier über dem Grab Petri eine Gedenkstätte errichtet.**

Noch Zeit für einen (vor-)letzten Spaziergang-Tipp? Wenn Sie den Petersdom rechts verlassen (im Moment geht das wg. des Sicherheitskonzeptes gar nicht anders) noch einen Blick auf den Deutschen Friedhof werfen! Der „Camposanto Teutonico“ auf dem zahlreiche deutsche Künstler ruhen, liegt auf der Südseite des Doms und ist ein sehenswerter Abschluss dieses erlebnisreichen Tages. Lassen Sie sich von der ***Schweizer Garde**** nicht abschrecken. Sie wird Ihnen gerne den Weg frei geben.

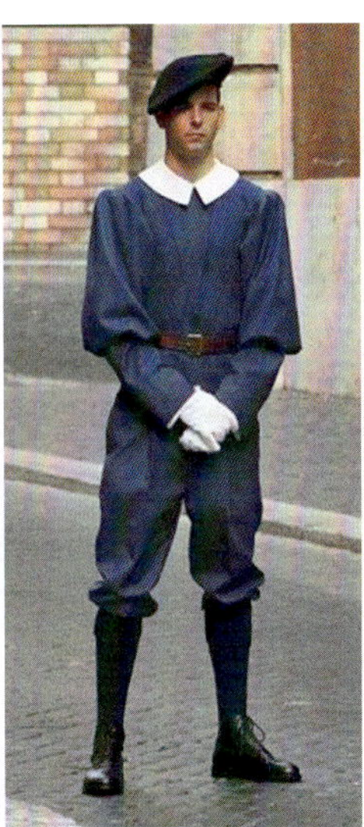

Die Schweizer Garde in der traditionellen Uniform und im „Arbeitsanzug“

*Die Schweizer Garde (Guardia Svizzera) ist deutlich mehr als eine touristische Attraktion. Sie ist eine gut ausgebildete Schutztruppe des Vatikans mit einer wechselvollen Geschichte.**

Diejenigen, die noch immer Kraft haben und hochhinaus wollen, lassen die ***Kuppel**** (***la cuppola***) nicht aus. Der Aufzug rechts am Petersdom spart 142 Stufen, aber es folgen weitere 330 zum Kuppelausblick. Eine schon ungewöhnliche Kraxelei durch die doppelte Schale der Kuppel immer mit einem leicht schrägen Gang. Schon ein sehr außergewöhnlicher Moment beim Erklimmen der letzten Stufen vor der Laterne. Die Entschädigung mit einem herrlichen Blick über den Vatikan und die Stadt ist sicher. Für diejenigen, die es nicht so gern eng haben wollen und die auch im Aufzug ins Schwitzen kommen, keine so gute Idee. Dann lieber einen virtuellen Kuppelrundgang vorziehen. Ich erinnere mich eher ungern an die „Begleitung“ einer gar nicht so alten Dame von der Mitte der Kuppel - halb tragend halb stützend gegen den Besucherstrom - zurück zum Basilikadach. Das muss man nicht haben!

Die Kuppel von St. Peter vom Monte Mario aus gesehen thront über der Stadt Tag und Nacht

*Die doppelschalige Kuppel Cupola di San Pietro aus Ziegeln zeichnete Michelangelo nach dem genialen Vorbild des Florenzer Doms. Die Arbeiten wurden 1591 von Della Porta beendet.**

Zum Ausklang des Tages empfehle ich eine der vielen kleinen Trattorien jenseits der Via Gregorio VII. oder auf der anderen Seite Richtung Via Cola di Rienzo. Dabei gilt der Grundsatz: Je weiter weg vom Piazza di San Pietro desto preislich günstiger!

Nach so viel geistiger und religiöser Nahrung würde mein Geschmack eine kleine aber feine Fleischspeise bevorzugen. Wie wäre es mit Involtini di vitello, also Fleischröllchen aus Kalbfleisch? Richtig gemacht sind die hauchdünnen Kalbfleischschnitzel mit Salbei und rohem Schinken alternativ auch mit Mozzarella eingerollt und angebraten und dann mit Wein der Castelli Romani abgelöscht. Dazu entweder Rosmarinkartöffelchen, Gemüse der Saison oder einfach Weißbrot. Das schmeckt!!

Gli ***involtini di vitello*** *con salvia e prosciutto crudo – in alternativa con mozzarella - sono semplici da preparare. Si tratta della classica fettina di carne, arrotolata insieme di salvia e prosciutto e se desiderato un pezzetto di mozzarella. Durante la cottura in padella è importante dare alla carne un pó di gusto con le erbe aromatiche e vino bianco dei Castelli Romani. Si serve con patate al rosmarino e un contorno di verdure di stagione. Una ricetta molto gustosa! Buon appetito!*

ROM – *Anmerkungen 1. Spaziergang*

Trastevere

Der Name stammt aus der lateinischen Bezeichnung „trans Tiberim“ also jenseits des Tibers und erstreckt sich vom Tiber bis zum Gianicolo-Hügel. Es ist wohl das ursprünglichste und faszinierendste Viertel der Stadt. Ursprünglich war es das Arbeiterviertel des alten ROMs. Hier wohnten die einfachen Leute – die Fischer, Handwerker, Ausländer und eher Ausgestoßenen. So waren es zu Beginn vorwiegend Juden, dann Christen und andere Randgruppen. Später blieb der eigene Charakter erhalten und wurde wegen seiner Internationalität und des billigen Wohnraums als Geheimtipp gehandelt. Heute von Touristen wohl eher wegen seiner vielen Trattorien und Bars aber auch wegen der romantisch engen Bebauung geschätzt.

Santa Maria in Trastevere

Nachdem es an dieser Stelle schon im 3. Jahrhundert eine Hauskirche gegeben hatte, errichtete Julius I. eine große Basilika, die im 12. Jahrhundert von Innozenz II. völlig neu konzipiert wurde und mit einem Kirchturm (campanile) versehen wurde. Nach römischer Art wurde dafür woanders etwas abgerissen, so hier Teile der Caracalla-Thermen. Mehrmals ersetzte die Kirche in heiligen Jahren die Basilika Sankt Paul vor den Mauern. So schon 1525 bei der großen Tiberflut, später wegen Epidemien rund um ROM und 1825 wegen des großen Brandes der Pauluskirche in 1823. Wie die von uns schon bewunderten Mosaiken in der Vorhalle aus dem 13. und 14. Jahrhundert mit Maria und den klugen sowie törichten Jungfrauen erfreuen wir uns auch an den wunderschönen Mosaiken in der Apsis und im Triumphbogen. Pietro Cavallini schuf 1292 den unteren eindrucksvollen Bildstreifen. Überhaupt macht die Kirche trotz barocker Einflüsse bedingt durch die antiken Säulen einen noch mittelalterlichen Eindruck. Uns imponiert auch der barocke Brunnen, an dem sich viele Künstler im Laufe von 12 Jahrhunderten versucht haben. Er soll der älteste Brunnen ROMs sein. Im Jahre 1659 wurde der Brunnen mit der Aqua Paola verbunden und Bernini nahm den Auftrag an, den Brunnen in die Mitte des Platzes zu setzen und als Muschelschale zu gestalten. Heute ein ganztägiger und angesagter Treff für Jung und Alt.

Chiesa San Pietro in Montorio

Die in der Renaissance errichtete Klosterkirche liegt am Osthang des Gianicolo, einem Ort an dem der Legende nach der hl. Petrus gekreuzigt wurde. Der Name stammt allerdings vom goldbraunen Boden des Berges also im italienischen „monte d'oro". Dieser Ort wurde schon ab dem 8. Jahrhundert verehrt. Die Kirche stammt großteils aus dem 15. Jahrhundert und verdankt ihren Bau verschiedenen Schenkungen, so u. a. durch das span. Königspaar Ferdinand und Isabelle (wohl aus Dankbarkeit für die Geburt eines Thronfolgers), König Ludwig XI. und dem Königreich Sizilien. Bekannt ist die Kirche aber wohl in erster Linie durch den kleinen Rundtempel (tempietto), den Bramante im Jahre 1502 im Auftrage katholischer Könige errichtete. Er gilt als das Werk der Hochrenaissance und kann durch den Eingang des Museums der Academia d'Espana erreicht werden. Das gesamte Kloster wird heute noch von der spanischen Botschaft in Anlehnung an die enge Bindung zu Spanien als Fortbildungsgebäude genutzt.

Fontana dell'Acqua Paola

Dieser große Brunnen (ital. kurz Fontanone) wurde an der Via Garibaldi auf dem Gianicolo im Auftrage von Papst Paul V. 1612 von den Architekten Flaminio Paola und Giovanni Fontana errichtet. Na, wenn das kein Omen ist ... Wasser als wichtigstes Element der Stadt brachte immer den jeweiligen Bauherren langanhaltenden Ruhm ein. So wollte sich auch Papst Paul V. als Borgheser um die Wasserversorgung ROMs verdient machen. Also ließ er die jahrhundertlang brachliegende Aqua Traiana, die das Wasser weit aus den Sabatiner Bergen nach ROM brachte, restaurieren und so wieder Wasser nach Trastevere und zum Vatikan transportieren. Selbstverständlich musste diese dann seinen Namen „Aqua Paola" tragen. Der jeweilige Endpunkt einer Wasserleitung sollte repräsentativ gestaltet werden und so wählte Giovanni Fontana den Mosesbrunnen als Vorbild und verwendete einen Triumphbogen ergänzt durch zwei weitere Bögen. Natürlich dürfen die Adler als Wappentiere der Borghese nicht fehlen, die hier als Wasserspeier dienen. Durch die in den letzten Jahren durchgeführte Renovierung erstrahlt er im neuen Glanze.

Aqua per ROMA *(Der Weg des Wassers in die Stadt)*

Wasser war und ist das belebende Element der ewigen Stadt. Schon in flavischer und traianischer Zeit gab es eigens einen Aufseher über das Wassersystem. Einer dieser wichtigen Beamten, der Curator Aquarum Frontinus, berichtete, dass dem alten ROM erst Wasser aus Tiber, Brunnen und Quellen zunächst reichte, dann aber der Bedarf sprunghaft anstieg. So entstand die 1. Wasserleitung schon 312 v. Chr. unter dem Censor Appius Claudius Caecus - schon 16 km lang und teilweise unterirdisch.

Die 2. Leitung wurde 272 v. Chr. bereits 63 km lang. Jeder Kaiser konnte sich beim Volke beliebt machen, wenn er wieder die Wasserversorgung verbesserte. Die bekanntesten Wasserwege waren die Aqua Marcia, die Aqua Tepula und die Aqua Julia, die noch heute die Fontana di Trevi speist. Das Wasser kam meist aus den Albaner Bergen. Der Star aller Wasserleitungen war die Aqua Claudia - unter Caligula begonnen und von Kaiser Claudius 38 vollendet. Das Wasser erreichte ROM nach über 68 Kilometern, von denen 15 km oberirdisch geführt wurden, davon 10 Kilometern über Bögen. Ein großer Teil dieser Bögen steht noch - ihren auffallendsten Teil sieht man in dem als Porta Maggiore bekannten Doppelbogen. Sie brachte pro Tag unfassbare 184.300 cbm in die Stadt.

Porta Maggiore der Aurelianischen Stadtmauer

Aqua Claudia im Parco degli aquedotti

Gianicolo

Die Passeggiata del Gianicolo führt auf diesen Hügel ROMs, der nicht zu den sieben Hügeln zählt, da er außerhalb des antiken Zentrums liegt. Er ist dem Gott Janus geweiht, der hier der Sage nach eine Burg errichtete. Erst seit der Zeit Kaiser Aurelians ist dieser Teil ROMs ins Stadtgebiet einbezogen. Ein großer Teil des Gebietes gehört exterritorial dem Vatikan. So befindet sich hier die päpstliche Universität, die Pontificia Universitas Urbaniana. Auf der Spitze beeindrucken neben dem vielleicht beliebtesten italienischen Volksheld Garibaldi auch die Büsten zahlreicher Kämpfer, Weggefährten und Persönlichkeiten des italienischen Freiheitskampfes.

Giuseppe Garibaldi (1807 bis 1882)

Oben auf der Piazza Garibaldi thront der Guerillakämpfer und Protagonist der italienischen Vereinigung – des sogenannten Risorgimentos zwischen 1820 und 1870. 1895 wurde das Denkmal für ihn an der höchsten Stelle des Hügels errichtet. Sein Leben bestand aus unzähligen Niederlagen und Siegen. Seine charismatische Wirkung auf seine Umgebung und auf das Volk sowie sein wohl nie zu brechender Wille brachten ihm eine hohe Beliebtheit und eine wichtige Rolle bei der Einigung Italiens unter König Viktor Emanuel II. Es gibt wohl keinen Ort in Italien, in dem nicht die zentralsten Plätze und Straßen nach ihm benannt sind. Er ist für die Italiener der Inbegriff eines charismatischen Abenteurers und eines Mannes der Tat.

Anita Garibaldi (1821 bis 1849)

Das beeindruckende Denkmal für die italienisch-brasilianische Freiheitskämpferin zeigt diese in einer Pose, die ihr Leben widerspiegeln soll. Immer irgendwie im Kampf und auf der Flucht, Mutter von 4 Kindern, ständige Weggefährtin ihres geliebten José. Sie begleitet und unterstützt ihn in den südamerikanischen und italienischen Freiheitskriegen. So zeigt die Szenerie des Denkmals Anita auf der Flucht mit ihrem dreimonatigen Domenico auf dem Arm und die bereite Pistole in der Hand sowie weitere Episoden aus ihrem Leben. Sie war Geliebte und Ehefrau, Soldatin, Anführerin und Motivatorin der begleitenden Kämpfer. Sie stirbt im Alter von nur 28 Jahren auf der Flucht nach Venedig in den Armen ihres Mannes an Malaria. Auch im Tode findet sie keine Ruhe. Nach mehreren Stationen wird ihr Leichnam 1931 von der Mussolini-Regierung von Nizza in einem Sonderzug nach ROM gebracht und in einem großen Staatsakt auf dem Gianicolo begraben.

Faro del Gianicolo

Der „Faro del Gianicolo“ ist ein 20 Meter hohes Bauwerk aus wunderschönem lombardischen Kalkstein und wurde im Jahre 1911, 50 Jahre nach Gründung des italienischen Königreiches, von den nach Argentinien ausgewanderten Italienern in Auftrag gegeben, so wie es die Inschrift auf dem Kapitell beschreibt: Der Hauptstadt ROM – die Italiener aus Argentinien, 1911 (A ROMA Capitale – Gli Italiani d'Argentina MCMXI). Manfredo Manfredi entwarf diesen Leuchtturm, dessen gläserne Laterne die italienischen Nationalfarben grün, weiß, rot in den Nachthimmel schickt.

Sant'Onofrio

Die Kirche Sant'Onofrio, die ihren Namen dem hl. Onophrios verdankt, stammt bereits aus dem 15. Jahrhundert und gilt als eines der frühesten Bauwerke der Renaissance. Die Salita Sant'Onofrio, die Papst Sixtus V. anlegen ließ, verbindet das Kloster mit der Porta Santo Spirito, dem vielleicht ältesten Eingangstor zum Vatikan. Das Kloster mit seinem Kreuzgang beeindruckte besonders auch den Dichter Torquato Tasso, der dort Heilung von seiner Krankheit suchte und im Kloster verstarb. Dort ist er auch begraben. Johann Wolfgang von Goethe machte ihn durch sein Schauspiel 1807 unsterblich. Sicherlich angeregt nicht nur durch den genialen Dichter, sondern auch durch diesen außergewöhnlichen Ort. Atemberaubend der Blick vom Vorhof auf den Petersdom und die Stadt. Seit 1945 sind Kirche und Kloster Sitz des Ritterordens vom Heiligen Grab zu Jerusalem.

Via della conciliazione

Die Straße der Versöhnung, benannt nach den Lateranverträgen von 1929, die die Versöhnung zwischen Italien, der Stadt ROM und dem Vatikan besiegelten, wurde durch den ersten Spatenstich des Duces am 28.10.1936 öffentlichkeitswirksam in die bestehende Bebauung „eingefügt“. Zahlreiche Gebäude, Kirchen, Palazzi wurden abgerissen – man spricht von über 600.000 cbm. Ein ganzes lebenswertes Viertel, der „Borgo“, war verschwunden. Wie bei Diktatoren üblich, wollte man eine gigantische Prachtstraße zum eigenen Ruhm errichten. Es wurmte ihn sehr, dass Paris über solche Avenues verfügte und man wollte dem Prachtdrang eines Napoleon III. folgen. Die Via dei Fori Imperiali, die viele Kaiserforen unter sich begräbt, hat eine ähnliche Geschichte! So führt jetzt eine breite prachtvolle Straße direkt zum Petersdom.

Piazza San Pietro

Der Petersplatz mit seinem charakteristischen Säulenrand aus Travertin ist in seiner größten Weite 240 Meter breit und 340 Meter tief. 284 fünfzehn Meter hohe Säulen markieren die Staatsgrenze zwischen Italien und dem Vatikan. Auf der Brüstung erheben sich 140 Heiligenstatuen mit einer Größe von 3,20 Metern. Gian Lorenzo Bernini wurde von Papst Alexander beauftragt, diesen zwischen 1656 und 1667 vor dem Petersplatz anzulegen. Im Teil vor den Treppen des Petersdoms entstand ein trapezförmiger Platz (Piazza Retta) ähnlich dem Kapitolsplatz von Michelangelo und dann der gewaltige ellipsenförmige Platz, den auch Bernini so plante, dass die offenen Armen alle Gläubigen einschließen sollte und zur Hauptkirche der Christenheit führt. So ist auch das Gefälle der Plätze so gewählt, dass alle anwesenden Pilger den religiösen Feiern folgen können. Neben den Marmorplatten der „centri del colonnato", die uns die Genialität Berninis näherbringen, sind die beiden von Carlo Maderno (1613) und Carlo Fontana (1675) errichteten Brunnen. Den von Kaiser Nero „ausgeliehenen" Obelisken holte Papst Sixtus V. 1585 vom Zirkus des Nero auf den Petersplatz. Domenico Fontana stellt ihn mit fast 1.000 Arbeitern und 75 Pferden in die Mitte des Platzes. Auf dem Weg zur Basilika begrüßen uns die beiden Kolossalstatuen der Apostel Petrus und Paulus, die Mitte des 15. Jahrhunderts dort aufgestellt wurden.

Travertino

Travertin, lat. lapis tiburtinus, sozusagen der Stein aus Tivoli ist ein recht poröser Kalkstein, eher gelblich und braun, der aus der Gegend rund um Tivoli stammt. Tivoli (alter Name: Tibur) liegt rund 30 km vom Stadtzentrum entfernt und ist eine Stadt mit fast 60.000 Einwohnern. Nähere Informationen zu diesem sehenswerten Ort später! Aus dieser Gegend stammen z. B. die Bausteine für das Kolosseum (Colosseo) und die Peterskirche (Basilica di San Pietro). Wegen seines relativ geringen Gewichtes und der leichten Bearbeitung wurde Travertin insbesondere beim Bau von Kirchen und Stadtmauern eingesetzt und verleiht der Stadt diese sonnige Farbe.

Michelangelo Buonarotti

Für die meisten Kunstkenner ist er der Inbegriff von Bildhauerei, Malerei und Architektur. Michelangelo di Ludovico Buanarotti Simoni erblickte am 6. März 1475 in Caprese, Toskana, das Licht der Welt. Er war Kind einer wohlhabenden und angesehenen Familie, die es ihm zunächst schwer machte, seiner Passion, der Malerei, nachzugehen. Trotzdem gelang es ihm in der Werkstatt von Domenico Ghirlandaio die Freskenmalerei und dann beim berühmten Donatelloschüler Bertoldo di Giovanni die Bildhauerei zu erlernen. Übrigens wie er selber ausführte seine absolute „Lieblingskunst". Nach den Veränderungen im Hause der Medici in Florenz ging er zunächst nach Bologna, wieder zurück nach Florenz und landete dann irgendwann 1496 für fünf Jahre in ROM. Dort entstand das Meisterwerk der Pietà. In Florenz erbaute er dann die aus einem Marmorblock gemeißelte Statue des David, die wohl bekannteste aller Figuren in Florenz. Ab 1508 malte er dann eher unfreiwillig die Fresken der Sixtinischen Kapelle, die ihn künstlerisch unsterblich gemacht haben. Am 18. Februar 1564 endete das Leben dieses unglaublich intensiven Künstlers. Ein Leben mit vielen Höhen und Tiefen, vielen Entbehrungen und Lobpreisungen, einem schier unbeugsamen Willen ging zu Ende und seine Unsterblichkeit begann. Unzählige Skulpturen und Gemälde, architektonische Meisterleistungen u. a. die Kuppel des Petersdoms, der Kapitolsplatz, die Biblioteca Medicea Laurenziana in Florenz sowie viele Zeichnungen und Gedichte sind sein Geschenk an die Menschheit.

Basilica di San Pietro

Wir nähern uns dem Grab des hl. Petrus – ad Petri sedem! Die heutige Basilika des hl. Petrus (Basilica Sancti Petri in Vaticano) erhebt sich über den Ruinen der alten Konstantinischen Basilika aus dem 4. Jahrhundert und zum Teil über dem ehemaligen Zirkus des Kaisers Nero, unter dessen Herrschaft die Christen massiv und systematisch verfolgt wurden. Auch Petrus, der 1. Bischof von ROM, fand hier 64 den Märtyrertod. Unter der Basilika befinden sich großartige Reste eines heidnischen Friedhofes, an dessen Ende man eine christliche Bestattungsstätte fand. Hier wurde der Leichnam Petri in einem einfachen Erdgrab beigesetzt. Dieser Ort ist auch heute noch der Mittelpunkt der Basilika. Über dieser Stelle wurde schon um die Mitte des 2. Jahrhunderts ein kleines Grabmonument errichtet, die erste Gedenkstätte (Memoria) des Apostels. Nachdem die Christen durch das Edikt von Mailand im Jahre 313 die Freiheit erhielten, ließ Kaiser Konstantin angeregt durch seine Mutter Helena die Überreste des hl. Petrus aus diesem Erdgrab nehmen und in einer eigens dafür vorbereiteten Nische beisetzen. Er ließ darüber eine großartige Grabbasilika bauen und um das Petrusgrab ein Monument mit kostbaren Porphyr- und Marmorplatten als Verzierung errichten. Papst Gregor d. Große (590-604) ließ um die Memoria einen Altar bauen, dem weitere folgten: einer von Papst Calixtus II. (1119-1124) und der andere heutige Papstaltar von Papst Clemens VII. (1592-1605). Die von Konstantin errichtete Basilika drohte im 14. Jahrhundert einzustürzen. Papst Julius II. (1503-1513) legte 1506 den Grundstein für einen Neubau. Die größten Künstler der damaligen Zeit oder besser – wie man heute sagt – die besten Künstler ever waren an dem Bau beteiligt: Bramante, Raffael, Michelangelo, Fontana, Bernini, Maderno, u. a. An dieser ehrwürdigen Begrabungsstätte wirkten Glaube und Kunst einträchtig zusammen. Die neuesten wissenschaftlichen archäologischen Untersuchungen bestätigen eindeutig die Authentizität der sterblichen Überreste. Gehen wir hinein in den Mittelpunkt der christlichen Welt! Die Treppen führen uns in die geräumige Vorhalle, von der uns 5 Türen vom Innenraum trennen. Die äußere rechts ist die hl. Pforte, die nur während des heiligen Jahres geöffnet ist, welches alle 25 Jahre stattfindet. Sie symbolisiert die Worte Christi, der bei Johannes zitiert wird „Ich bin die Tür!" Wir gehen hinein und genießen diesen überwältigen Eindruck von Größe und Harmonie. Hier auf der Porphyrplatte aus vulkanischem Gestein, auf der Karl der Große Weihnachten 800 zum Kaiser gekrönt wurde, fand auch das 2. Vatikanische Konzil statt. Im Marmorboden sind die Längenmaße der größten Kirche der Welt angegeben und wir schließen uns dem Ausspruch Johann Wolfgang von Goethes aus 1788 an: „In Sankt Peter habe ich begreifen gelernt, wie die Kunst sowohl als auch die Natur alle Maßvergleichungen aufheben kann." Links und rechts an den Säulen erkennen wir die Statuen großer Ordensgründer wie Benedikt, Don Bosco, Neri, usw.

Wie kann man diese riesige Kirche überhaupt besichtigen und dabei die wichtigsten Details nicht auslassen? Gar nicht! Ich nehme Sie einfach mit auf einen Rundgang, der auch keinen Anspruch auf Vollständigkeit erhebt. Beginnen wir auf der rechten Seite und beginnen unser Staunen mit der Pietà von Michelangelo, wohl einer der berühmtesten Statuen der Welt. Pietà ist eine Bezeichnung für eine Figur, die Maria mit ihrem toten Sohn Jesus auf dem Schoß zeigt. Michelangelo Buonarotti vollendete die Arbeit im Jahre 1499. Es war seine erste große Meisterarbeit mit 24 Jahren! Man sagt, Michelangelo hätte Maria deshalb so jugendlich gestaltet, weil er selbst seine Mutter vor Augen hatte, die mit 26 Jahren so früh starb. Eigentlich war die Pietà für die Kirche Santa Petronilla in der Nähe der alten Basilika bestimmt. Nach deren Abriss bekam diese ihren Ehrenplatz 1749 im Petersdom.

Am 21. Mai 1972 schlug ein Geistergestörter mit einem Hammer auf die Statue ein und fügte ihr schwere Schäden zu. Nach der Restaurierung steht sie nun hinter Panzerglas.

Die mächtigen Dimensionen 211m lang, 187 breit, 132 hoch erkennt man deutlich im Inneren!

Die folgende Gregorianische Kapelle beherbergt u. a. das Denkmal von Papst Gregor XIII., der als Chefentwickler unseres (gregorianischen) Kalenders gilt. Zwei Gräber bekannter Päpste finden wir auf unserem weiteren Weg, die nach ihrer Seligsprechung aus den Grotten in die Hauptkirche umgebettet wurden. Zunächst das Grab Johannes Paul II. in der Sebastianus-Kapelle. Vor seinem Tod am 2. April 2005 war er fast 26 Jahre lang Bischof von ROM. Es folgt in einem Glasschrein unter dem Altar des Heiligen Hieronymus der Sarg Johannes XXIII., einem der beliebtesten Päpste des letzten Jahrhunderts. Er wollte die Kirche erneuern und die Fenster der Kirche öffnen, um frischen Wind herein zu lassen. Diese Erneuerung (aggiornamento) der Kirche gipfelte im 2. Vatikanischen Konzil, das er 1962 nach ROM in den Petersdom einberief, um alle Kardinäle von der Notwendigkeit der Öffnung zu überzeugen. Papst Paul VI. beendete es im Dezember 1965. Wir verdanken ihm z. B. den zu den Kirchenbesuchern ausgerichteten Altar und Gottesdienste nicht mehr in Latein, sondern in der Landessprache.

Um die Ecke finden wir die Statue des hl. Petrus, der hier als 1. Papst dargestellt ist. Er sitzt auf seinem Thron und segnet. Durch die Küsse und Berührungen der Gläubigen sind die Füße blank gescheuert. Über der Statue sieht man das einzige Papstbild im ganzen Mittelschiff der Kirche, das als Mosaik Papst Pius XI. zeigt. Um dieses Bild rangt eine außergewöhnliche Geschichte. Es war Usus, dass ein neugewählter Papst nach seiner Wahl immer feierlich in den Petersdom einzog und dort symbolisch die Schlüssel der Kirche erhielt. Ein Domherr sagte dann immer: „Denke daran, dass kein

Papst länger als Petrus regierte!" (Von 40 bis 65 nach Chr. also fast 25 Jahre). Er soll damals geantwortet haben: „Das muss ja nicht immer so sein!" Und tatsächlich stellte er den Rekord Petri mit einer Regentschaft von 33 Jahren deutlich ein. Deshalb der Ehrenplatz ganz nah an der Statue des hl. Petrus.

Es drängt uns, einen Blick nach oben zu werfen. Die 133m hohe Kuppel beeindruckt uns mit seinen Mosaiken, die die vier Evangelisten mit ihren Symbolen darstellen: Matthäus mit dem Engel, Markus mit dem Löwen, Lukas mit dem Stier und Johannes mit dem Adler. Es sind gewaltige Dimensionen. Die Buchstaben der umlaufenden Inschriften sind je 2 m hoch, genauso lang wie die Feder in der Hand des hl. Markus! Hier steht auch die Beauftragung des hl. Petrus nach Matthäus mit dem Wortspiel (Petrus als Person und als Felsen): Tu es Petrus et super hanc petram aedificabo ecclesiam meam (Du bist Petrus und auf diesem Felsen werde ich meine Kirche bauen). An den vier Säulen, die die Kuppel tragen, stehen vier Heiligenfiguren über denen jeweils ein Balkon thront. Hinter diesen befindet sich immer eine Kapelle, in denen Dinge aus dem Leben Jesu aufbewahrt sein sollen. Über der hl. Veronika das Schweißtuch, über dem hl. Longinus der Speer mit dem Jesus in die Brust gestoßen wurde, über der hl. Helena Teile des Kreuzes, an dem Jesus gestorben ist und über dem hl. Andreas mit dem „Andreaskreuz" der Kopf des hl. Andreas, der dann 1967 der griechisch-orthodoxen Kirche geschenkt wurde.

Wir stehen jetzt direkt vor dem Papstaltar, der sog. „Confessio", was so viel wie „Bekenntnis" bedeutet. Es soll deutlich machen, dass hier Petrus für seine Überzeugung hingerichtet wurde. Er wurde 1633 von (na klar) Bernini im Auftrag von Papst Urban VIII. entworfen und durch einen 29 m hohen Baldachin gekrönt. Die 95 vergoldeten Öllampen dokumentieren die Heiligkeit dieses Ortes. Übrigens ganz so heilig ging es nicht immer zu: Urban VIII. ließ die Bronze für dieses Kunstwerk vom Pantheon entfernen und einschmelzen ...

In der Apsis strahlt das Alabasterfenster, die Gloriole, mit dem Symbol des hl. Geistes, der Taube, in der Mitte eines Strahlenkranzes aus goldenem Stuck. Darunter in der Mitte des Altares die sogenannte „Cathedra Petri", der Bischofsstuhl des hl. Petrus aus vergoldeter Bronze, welcher von den vier berühmten Kirchenlehrern der griechischen und lateinischen Kirche des 4. Jahrhunderts (Ambrosius, Augustinus, Athanasius und Johannes Chrysostomos) getragen wird. Wir gehen jetzt über das linke Seitenschiff zurück, vorbei an unzähligen Grabmälern und Altären.

Zunächst Leo d. Große, Alexander VII. (auch ein Werk Berninis), drei Altären, die dem hl. Thomas, dem hl. Josef und dem Martyrium Petri geweiht sind. An den Eingängen zur Sakristei und Schatzkammer vorbei gelangen wir in die Capella Clementina mit dem Grab Gregor I. (genannt Gregor der Große), einem der bedeutendsten Päpste und dem ersten Mönch als Papst. Man sagt ihm nach, dass er ein hoch geschätzter Krisenmanager in Zeiten von Hunger und Pest war und sich auch noch um die Liturgie und die Kirchenmusik kümmerte. Deshalb sein außergewöhnlicher Papsttitel.

Nach dem Verklärungsaltar mit der Mosaikkopie des Raffael folgt die Chorkapelle, in der sich das Domkapitel zum Chorgebet versammelt, mit den Gräbern des hl. Chrysostomus (344-407) und des Papstes Clemens XI. (1700-1721) und die Darstellungskapelle mit den sterblichen Überresten von Papst Pius X. Gegenüber steht das Denkmal Antonio Canovas (1829), das an die letzten Stuarts erinnert, die in ROM ihre Exilzeit verbrachten. Interessant auch das Grabmonument für Papst Leo XI. mit Rosen und der Inschrift „Sic florui“ (So blühte ich). Der Ärmste hatte sich bei seiner Krönungsfeier erkältet und nicht mehr erholt. Er war so lange, wie eine Rose blüht, nämlich 27 Tage im Amt!! Wir beenden unseren Rundgang an der Taufkapelle mit dem Mosaik der Taufe Christi im Jordan ursprünglich von Carlo Maratta als Gemälde aus 1699.

Genug gesehen? Wenn nicht!? Es warten weitere insgesamt 400 Statuen, 25 Grabmonumente von Päpsten, 49 Heiligengräber, 164 Papstgräber und 45 Altäre auf einen Besuch!! Wegen des großen touristischen Andrangs kann man nicht mehr über die Marmortreppe zu den Papstgräbern und den Vatikanischen Grotten. Der Eingang befindet sich jetzt rechts am Dom. Auch die Grotten von Sankt Peter mit ihren fünf Nationalkapellen sind mehr als einen Besuch wert. In der Deutschen Kapelle sind drei Deutsche begraben: Kaiser Otto II., der schon als Kind zum Kaiser gekrönt wurde und mit 28 starb, Papst Gregor V., der sogar schon mit 27 Jahren an Malaria starb und ein Prälat, Ludwig Kaas aus Trier, der als Vorsitzender der Zentrumspartei 1933 nach ROM ging und dort als Chef der Dombauhütte insbesondere für den Ausbau der Grotten und des Petrusgrabes sorgte.

Guardia Svizzera

Wer kennt sie nicht die Schweizer Garde mit ihren bunten Renaissance-Uniformen oder mit ihren schlichten graublauen Uniformen (piccola tenuta)? Seit 1506 sorgen sie als Leib- und Palastwache für den Schutz des Papstes und des Vatikans. Auch diese Truppe hat eine lange wechselhafte Geschichte hinter sich. Wer erinnert sich nicht aus dem Geschichtsunterricht an den sogenannten Sacco di Roma, der Plünderung ROMs, bei dem drei Viertel der Truppe beim Schutz des Rückzugs Papst Clemens VII. in die Engelsburg starben. Seit den Lateranverträgen sind sie eine feste Einrichtung des Vatikans zum Schutze des Territoriums aber besonders zum Schutze des Papstes auch bei Auslandsreisen. Im Gegensatz zu ihren historischen Kostümen sind alle Gardisten modern ausgebildete Soldaten und Personenschützer, die wie ich aus eigener Erfahrung weiß, intensiv und sehr lange feiern können ...

Cupola di San Pietro

Michelangelo zeichnete die Pläne für diese 16-eckige doppelschalige Kuppel aus Ziegeln. Sie gilt neben der Kuppel des Pantheons als größtes freitragendes Bauwerk aus Ziegeln. Die Kuppel des Pantheons ist fast ein Meter breiter aber deutlich niedriger! Einschließlich der Laterne ergibt sich eine Gesamthöhe von 133,30 Metern. Giacomo della Porta vollendete sie im Jahre 1591. Wenn man die Treppen hinaufkraxelt, die zwischen den beiden Schalen verlaufen, erkennt man die abenteuerliche und geniale Konstruktion. Als Vorbild diente Filippo Brunelleschis Meisterkuppel auf dem Florenzer Dom Santa Maria del Fiore, die 437 Jahre lang mit einem Durchmesser von 45 m bis zur Weltausstellung 1837 in Wien die Rallye anführte und deren zweischalige Bauweise für viele Kuppeln auf der Welt als Vorlage diente.

6.2 ROM II von innen – der weltoffene geschäftige Spaziergang zur Engelsburg

(Campo de' Fiori – Pantheon – Piazza Navona – Castel Sant'Angelo)

Wir treffen uns auf dem ***Campo de' Fiori****, dem Blumenmarkt, der mehr Gemüse anbietet als sonst ein Marktplatz in ROM. Wir sind im Herzen des politischen aber auch historischen Zentrums ROMs. Wir genießen das alltägliche Marktgewimmel und bewundern die vielen gewaltigen Paläste wie den Palazzo Farnese gleich um die Ecke. Wir schauen wie ***Giordano Bruno**** auf das geschäftige Treiben und beschließen diesen Platz noch einmal am Abend zu besuchen. Welche Atmosphäre dann zwischen den alten Palästen und angesagten Party locations! Unbedingt wiederkommen!

Marktatmosphäre auf dem Campo de' Fiori

über den Marktständen Giordano Bruno

---

*Der besonders auch bei den Römern sehr beliebte Marktplatz ist ein Zentrum des römischen Lebens. Das Denkmal Giordano Brunos erinnert aber auch an seine schaurige Geschichte.**

Über die Via dei Guibbonari und die Via dei Funari gelangen wir zum bronzenen ***Schildkrötenbrunnen* (Fontana delle Tartarughe)*** am Palazzo Mattei. Auch hier hatte neben dem Schöpfer Landini auch wieder Bernini seine Finger im Spiel.

Der Schildkrötenbrunnen am Palazzo Martei *mit vielen Details*

*Der außergewöhnliche Brunnen wurde von Gian Lorenzo Bernini 1658 kunstvoll umgestaltet. Das Grundmodell vor dem Palazzo stammt schon aus 1581 von Landini.**

Die Via Caetani führt uns zur Jesuitenhauptkirche ***Il Gesù****, sozusagen dem Grundmodell vieler Barockkirchen mit dem Grabmal des Ordensgründers Ignatius von Loyola. Das Innere schmücken bunter Marmor, Fresken, Gold und Bronze. Barock ist halt Geschmackssache!

Front der Kirche Il Gesú

Das Innere mit barocken Spielereien

*Il Gesù ist der Stammsitz des Jesuitenordens und beinhaltet neben der barocken Pracht das Grabmal des Ordensgründers Ignatius von Loyola und des beliebten Franz Xaver.**

Mit Vorfreude auf das Pantheon – sozusagen das ornamentale Gegenstück – überqueren wir den Corso Emanuele II. und gehen nordwärts zur Kirche Santa Maria sopra Minerva, wo uns bereits der ***Elefantenobelisk*** mit der doch so aussagekräftigen Inschrift „Es bedarf einer großen Kraft, die Weisheit zu tragen" erwartet. Unser Bernini schuf den Elefanten mit der viel zu kleinen Decke, der später mit einem (wiederum in Ägypten im 6. Jahrhundert vor Christus entwendeten) Obelisken versehen wurde. ***Santa Maria sopra Minerva****, diese für ROM einzigartige gotische Kirche, beherbergt im Hochaltar die Gebeine der heiligen Katharina von Siena, die u. a. dadurch auf sich aufmerksam machte, dass sie die ins ***Exil nach Avignon**** geflohenen Päpste zur Rückkehr nach ROM aufforderte. So viele weitere Grabmäler beschäftigen unsere Augen. Aber besonders die Statue des Auferstandenen von Michelangelo aus 1521 hält uns mit seiner genialen Formung des Marmors fest.

Elefantenobelisk vor Santa Maria sopra Minerva

Jesus von Michealangelo

*Diese einzige gotische Kirche ROMs, von den Dominikanern Ende des 13. Jahrhunderts erbaut, beherbergt u. a. das Grab der hl. Katharina von Siena unter dem Hochaltar.**

Gleich nebenan wartet ein Höhepunkt unseres Tages. Das ***Pantheon****, das bedeutendste und besterhaltenste Bauwerk der Antike, beeindruckt uns mit seiner genialen Einfachheit. Marcus Agrippa aus dem Augustus-Clan (Schwiegersohn) ließ es 27. v. Chr. für die allerheiligsten Götter bauen. Daher das Kuppelfirmament und die Sonnenöffnung. Dass es heute noch so erhalten ist, grenzt an ein Wunder oder ist in der technischen Leistung der Römer begründet. Brände, Plünderungen (auch gerade durch das Papsttum), Kriege, Verschandlungen im Barock, Entfremdung durch das italienische Königshaus, Millionen von Touristen ... Noch immer thront wie zum Trotz über der Eingangshalle die Inschrift „Marcus Agrippa fecit – Marcus Agrippa hat dies gebaut“. Stellen wir uns jetzt noch vor, dass man zum Pantheon hinauf gehen musste, bevor sich das antike ROM im Laufe der letzten Jahrhunderte unter 6 m Schutt verschüttete. Hier liegt u. a. das Genie ***Raphael**** begraben.

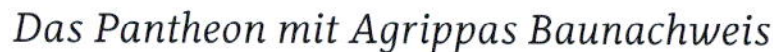
Das Pantheon mit Agrippas Baunachweis

Lichtspiele in der wunderschönen Kuppel
(Foto: © scaliger/istockphoto.com)

*Der allen Göttern geweihte Tempel von Agrippa zeigt uns eindrucksvoll, wozu die römischen Baumeister fähig waren. Die Kuppel beindruckt auch heute noch nicht nur Mathematiker.**

Eigentlich wird es langsam Zeit für unseren Cappuccino mit einem leckeren ***Tramezzino**** und das Eis wartet natürlich auch noch am Piazza Navona. So gehen wir dann vom Pantheon zur Piazza Sant'Eustachio, genießen dort den von vielen Römern bevorzugten Kaffee und machen uns gestärkt auf den Weg zum Platz aller Plätze. Fast vergessen! Vorher noch am Corso Rinascimento einen Blick auf Boromini's Meisterwerk „Sant'Ivo alla sapienza“, einer Kirche mit dem Grundriss einer Biene, werfen. Berninis großer Gegenspieler hatte es nicht immer leicht mit Aufträgen und so schmeichelte er mit dem Wappentier der Familie Barberini seinem Auftraggeber Urban VIII., na klar einem aus dem Hause der Barberini. Nach der Überquerung des Corso stehen wir endlich auf der ***Piazza Navona****, meinem absoluten Lieblingsplatz in Rom. Zu jeder Tageszeit ist er gefüllt mit Künstlern, Artisten, Musikern und auch (leider) viel zu vielen Touristen.

Die Weite des Piazza Navona

Fontana dei quattro fiumi

Hier ist die ***Bernini-Borromini***-Feindschaft in Stein gemeißelt. Beim weltberühmten „Tartuffo" einer Schokoladeneiskomposition im Café Tre Scalini, betrachten wir die architektonische Konkurrenz in der ehemaligen Domitian-Arena, deren Abmessungen immer noch die Front der Häuser dokumentieren. Hier die der Märtyrerin Agnes geweihte Kirche Sant'Agnese, die maßgeblich ***Borromini**** schuf; dort das Herzstück des Platzes, der von ***Bernini**** erstellte Vierströmebrunnen (Fontana dei quattro fiumi). Fauna, Flora und Figuren repräsentieren die Mitte des 17. Jahrhunderts bekannten 4 Kontinente mit ihren Hauptflüssen Nil, Ganges, Donau und Rio. Ob Bernini tatsächlich den Nil, der ansonsten zur Kirche Sant' Agnese schauen würde, mit einem Tuch das Haupt verhüllen ließ, um auf die Konstruktionsfehler der Borromini-Kirche hinzuweisen, ist entweder ein genialer Einfall oder römischer Humor.

Sei wie es sei: Sie mochten sich wohl einfach nicht!

Den Blick von Sant'Agnese abwenden

oder andersherum

*Der Piazza Navona ist (verständlicherweise) stetes Ziel aller Rombesucher und beliebter Verweilort. Die ehemalige antike Rennbahn begrenzen mittelalterliche Patrizierhäuser.**

Wir verlassen den Platz an der Ostseite, lassen die Deutsche Nationalkirche Santa Maria dell'anima rechts liegen und gehen durch das Gewirr der Gassen mit seinen unzähligen Antiquitätsgeschäften über die Via Coronari, die Straße der Rosenkranzdrechsler (früher ein ehrbarer und gut nachgefragter Beruf), zum Tiber. Schon liegt vor uns die mächtige Kulisse der ***Engelsburg**** (Castel Sant'Angelo) mit der wunderschönen ***Engelsbrücke**** (Ponte Sant'Angelo), die mal wieder Bernini erst durch die Gestaltung der Engelsstatuen so unvergleichlich veredelte. Schauen Sie sich die Engel einmal genau an! Mit ihrem koketten Lächeln und ihren schicken Kleidchen scheinen sie sich wirklich engelgleich zu fühlen.

Blick auf die Engelsburg über die Engelsbrücke

Die Engelsburg, die eigentlich als Mausoleum für Hadrian und seine Nachfolger im 2. Jahrhundert vollendete Anlage, wurde aufgrund seiner strategischen Lage von Kaiser Aurelian in die ***aurelianische Stadtmauer**** einbezogen und zur stärksten Festung ROMs ausgebaut. Erst Ende des 6. Jahrhunderts erhielt das Hadraneum den Namen Engelsburg und diente oft genug als Zufluchtsort der Päpste, wenn die Stadt wieder von einrückenden Landsknechten oder anderen Truppen bedroht wurde.

Man erkennt noch an der Ostseite die Mauern des „Passetto“, in dem ein geschützter von den Päpsten im 13. Jahrhundert befestigter Gang verlief, der ihnen in bedrohlichen Situationen Schutz bot. So konnten sie ungehindert in die Burganlage der Engelsburg fliehen. An der Entstehung der meisten dieser Konflikte waren sie allerdings – freundlich betrachtet – nicht unmaßgeblich beteiligt.

Berninis Engel

Auch nachts ein besonderer anziehender Ort

*Engelsburg und Engelsbrücke sind ein wohl in der ganzen Welt bekanntes und angesehenes Duett. Berninis Engel und Hadrians Mausoleum sind eindrucksvoll und romantisch zugleich.**

Den wunderschönen Abend veredeln wir mit einem Besuch in einer der zahlreichen Trattorien rund um die Engelsbrücke, z. B. direkt am Tiber unterhalb der Brücke mit gutem Fisch und Meeresfrüchten (Buon Pesce e Frutti di Mare). Wir erinnern uns an alte ROM-Filme mit Anita Ekberg, Audrey Hepburn, Gregory Peck, Woody Allen, Gina Lollobrigida, Sophia Loren usw., usw. und neuere Werke wie Illuminati, Spectre und Mission Impossible III. ROM als wunderschöne und manchmal mystisch dunkle Filmkulisse. Man sollte mal wieder ins Kino gehen …

Wir aber gehen geschafft nach Hause, wo immer das ist. Auf dem Weg reicht die Kraft noch eben für eine **Bruschetta*** in der Bar um die Ecke, mit einem leckeren **Prosecco***. *Buon riposo e forse un massaggio ai piedi!*

Wird immer gerne genommen diese ***Bruschetta****, also geröstetes Weißbrot, am liebsten Ciabattta, (bruscare heißt nichts anderes als „rösten“) einfach nur mit geriebenem Knoblauch und Oregano oder alternativ mit (Cocktail)Tomaten, viel Basilikum, gutem Olivenöl, Salz und Pfeffer. Natürlich gehört immer viel Knoblauch aufs Brot. Einfach, so wie so oft in der italienischen Küche ein leckeres „Arme-Leute-Gericht“. Pizza war ja auch nichts anderes als „Resteessen“. Das toskanische Brot war früher übrigens immer ohne Salz, denn das war für die einfachen Leute zu teuer!

Bruschetta mit viel Tomate, Zwiebeln und Basilikum

*Si prende per le **bruschette*** il pane toscano, pane cafone o pane casereccio tostato in forno. Per il condimento pomodorini, aglio, foglie di basilico, origano, sale, pepe e un buon olio extravergine d'oliva. É nata come la pizza dalla tradizione povera e il suo segreto é la semplicità dalla ricetta e dei suoi ingredienti. Buon gusto!*

Ist das nicht zu Eurem Geschmack – nachvollziehen könnte ich es ehrlich gesagt nicht – nehmt doch einfach die ***Antipasti misti*** nach Art des Hauses. Da kann man nichts falsch machen. Auf die gemischte Vorspeisenplatte kommen meist die im Hause beliebten und gängigen Vorspeisen (Wir sagen Angelo immer: „Nimm das was rumliegt und weg muss“). Meist ist es Tomate mit Mozzarella, Vitello tonnato, Carpaccio vom Rind, Oliven, eingelegte Pilze und Artischocken, usw. Dazu immer leckeres frisch gebackenes Brot mit Öl, Salz und Pfeffer. Wenn es „alla casa“ ist, klingt es nicht nur wie bei der italienischen Mama zu Hause, sondern schmeckt auch gut. Eine wahre „specialità della casa“!

ROM – *Anmerkungen 2. Spaziergang*

Campo de' Fiori

Der beliebte Marktplatz trägt wohl seinen Namen nach einem großen Blumenfeld, das hier vor der Besiedlung im Mittelalter lag. Die Römer schätzen diesen Markt in der Innenstadt sehr, da viele Bauern aus dem Umfeld ihn beliefern und somit seinem Namen in der Beziehung keine Ehre erweist. Er liegt mitten im Stadtviertel Parione in der Nähe des Tibers umsäumt von vielen Palazzi. Er ist mittlerweile wegen seiner vielen Trattorien, Bars und In-Lokalen ein beliebter Treff besonders auch am Abend. In der Mitte des Platzes thront der Philosoph Giordano Bruno, der hier am 17. Februar 1600 als Ketzer verbrannt wurde. Zu dem dunklen Kapitel Kirchengeschichte gehört auch die Verbrennung des Reformators Giovanni Mollio an gleicher Stelle in 1553.

Giordano Bruno

1548 wird Giordano Bruno in Nola in der Nähe des Vesuvs bei Neapel geboren. Er trat früh in den Dominikanerorden ein und war zunächst selbst ein Hexenjäger. In seinem philosophischen Denken entfernte er sich immer mehr von der katholischen Kirche, von der er zeitlebens und auch später verfolgt und gehetzt wurde. Er war Anhänger einer Naturphilosophie, die eine Einheit Gottes mit der Natur sieht. Nach langem Inquisitionsprozess wurde er wegen Ketzerei angeklagt und am 17. Februar 1600 auf dem jetzigen Campo de' Fiori bei lebendigem Leibe verbrannt. Bis heute gibt es keine Entschuldigung oder Rehabilitierung durch die Kirche für diesen geplanten Mord.

Fontana delle Tartarughe

Auch wenn die Legende etwas anderes erzählt, der Brunnen wurde nach 1581 von Taddeo Landini fast 30 Jahre vor dem Palazzo Mattei aus 1616 erbaut. Die Legende wollte wissen machen, dass der Herzog Mattei diesen Brunnen, um vor seinem Schwiegervater in spe als reich und einflussreich zu gelten, in einer Nacht errichteten ließ und er diesen seiner verblüfften Verlobten und ihrem Vater aus dem Palastfenster präsentieren konnte. Irgendwie unmöglich ... Die Schildkröten, die diesem Brunnen ihren Namen geben, wurden im Auftrage von Papst Alexander VII. bei der Restaurierung 1658 von Gian Lorenzo Bernini gestaltet, an die noch Inschriften am Brunnen erinnern.

Il Gesù

Die Mutterkirche des Jesuitenordens wurde vom Ordensgründer Ignatius von Loyola selbst in Auftrag gegeben, von Vignola geplant und ausgeführt und vom Farnesekardinal Alessandro (die mit den Lilien im Wappen) finanziert. Die Idee, eine Hallenkirche zu errichten und auf den Schnittpunkt von Haupt- und Querschiff eine Kuppel zu setzen, war innovativ und wurde zum Standard für viele nachfolgende Kirchenbauten. Die Fassade verdeutlicht den Übergang von der Renaissance zum Barock. Giacomo della Porta entwarf diese Fassade, deren Bau 1575 abgeschlossen wurde. Die beiden wichtigsten Heiligen der Jesuiten finden wir in den Nischen: den Ordensgründer Ignatius von Loyola und den im Orden äußerst beliebten Franz Xaver. Das Innere prägt barockgerecht vielfarbiger Marmor, Stuckdekorationen, Statuen und Skulpturen mit viel Bronze und Gold, Fresken sowie reicher Schmuck. Erwähnenswert neben dem großen Fresko im Tonnengewölbe des Mittelschiffs „Triumph des Namen Jesu" sind die Grabmäler mit Altären der großen Ordensheiligen, u. a. rechts im Querschiff der Altar des hl. Franz Xaver und links von Ignatius von Loyola.

Eine kleine Nebengeschichte: Hier steht die Kopie des ehemaligen silbernen Standbildes von Pierre Legros. Das Original musste Pius VI. einschmelzen lassen, um Reparationszahlungen an Napoleon begleichen zu können. Für den Kirchenstaat überhaupt eine bittere Niederlage, da er durch die hohen Zahlungen (wegen der leeren Staatskassen durch Kunstschätze), der zwangsweisen Abrüstung und einiger Gebietsabtretungen praktisch schutzlos fremden Truppen ausgeliefert war.

Santa Maria sopra Minerva

An der päpstlichen Diplomatenschule vorbei gelangen wir auf den Platz vor der Kirche mit dem Obelisco della Minerva. Der Obelisk stammt wir viele seiner Brüder aus Ägypten, wo ihn der Pharaoh Psammetich II. 587 v. Chr. in der Stadt Sais errichten ließ. Die Römer holten ihn bei einem der vielen Raubzüge als Tempelzierde in die Stadt, wo man diesen 1665 im Garten des Dominikaner-Klosters wiederfand. Papst Alexander VII. Chigi beauftragte Bernini mit der Planung, diesen auf dem Platz vor der Kirche aufzustellen. Ercole Ferrata schuf den Elefanten, der als Basis für den Obelisken diente. Die viel zu große Satteldecke wurde als zusätzliche Stütze für den Obelisken massiv und bis zum Boden reichend so gestaltet. Die ägyptischen eingemeißelten Zeichen finden sich in der Inschrift wieder, dass (elefantengemäß) ein starker Geist gesunde Weisheit stützt.

Beim Eintritt in die Kirche wird einem doch schon etwas seltsam zumute, wenn man weiß, dass in den hinteren Gebäudeteilen dieser Dominikanerkirche die berüchtigten Inquisitionsgerichte tagten, wo auch z. B. Galileo Galilei seinen Richtern gegenüberstand. Früher standen auf dem Grund der Kirche drei Tempel, die im 8. Jahrhundert durch eine Kirche ergänzt wurden. 1295 wurde die jetzige Kirche, erbaut von den Dominikanermönchen Sisto und Ristoro, eingeweiht. Auch wenn die Kirche nicht die Eleganz anderer gotischer Bauwerke besitzt und durch diverse Restaurationen immer barocker wurde, bleibt sie die einzige gotische mittelalterliche Kirche von ROM. Erwähnenswert hier neben den Gräbern vieler Päpste und Kardinäle am rechten Ende des Querschiffes die Capella Caraffa, geweiht dem hl. Thomas von Aquin, genannt Doctor Angelicus, dem wohl größten Theologen des Mittelalters. Er war es, der gegen den damaligen Trend der Zeit und im Widerstreit zur Amtskirche, die Gottesebenbildlichkeit aller Menschen betonte. Das Grab der hl. Katharina von Siena finden wir unter dem Hochaltar. Sie war eine außergewöhnliche Frau, ob bei der Pflege pestkranker Menschen oder bei der Schlichtung selbst staatstragender Konflikte. Sie genoss ein unglaubliches Ansehen in allen Schichten und schaffte es durch ihre ständige Drängelei, dass Gregor XI. aus Avignon zurück in das völlig desolate und heruntergekommene Leben ROMs zurückkehrte. Sie starb am 29. April 1380 in ROM. Die Statue des auferstandenen Christus, auf ein Kreuz gestützt und mit Rohr und Schwamm in der Hand, gilt als eines der besten Werke Michelangelos und als eines der bedeutendsten Kunstwerke der italienischen Renaissance und wurde zwischen 1519 und 1521 geschaffen. Der alberne und unpassende bronzene Lendenschurz wurde erst 1563 nach dem Konzil von Trient angebracht, um auf die strengeren Richtlinien für kirchliche Kunstwerke zu reagieren.

Pantheon

Im Jahre 27 v. Chr. von Agrippa, dem Schwiegersohn des Augustus, für die 7 Planetengottheiten erbaut (Apollo, Diana, Jupiter, Mars, Merkur, Saturn, Venus), später dann für alle (3.000) Gottheiten. Nach dem Brand des Tempels ließ Kaiser Hadrian ihn in ursprünglicher Form wiederherstellen und die alte Giebelanschrift wieder anbringen, die den ersten Erbauer ehrt: „Marcus Agrippa Lucci Filius Consul Tertium Fecit“. Seit 391 wurde es als heidnischer Tempel abgeschafft und später unter Bonifatius IV. 609 als Marienkirche geweiht. Nur so ist zu erklären, dass es nicht als Steinbruch benutzt wurde. Es gilt als das besterhaltenste antike Gebäude ROMs. Das Pantheon war einst der Tempel der Agrippathermen, deren Reste noch heute hinter dem Gebäude sichtbar sind.

Der Außenbau besteht zunächst einmal aus einer Vorhalle mit 16 Granitsäulen versehen mit korinthischen Marmorkapitellen. Die alte Stadt lag deutlich tiefer. Sechs Marmorstufen führten hoch zu der offenen dreischiffigen Vorhalle. An der Rückwand standen die Kolossalbilder des Augustus und des Agrippa. Den bronzenen Dachstuhl ließ Urban VIII. 1632 für den Baldachin des Altares in St. Peter und zum Guss von 60 Kanonen herunternehmen. Daher das geflügelte Wort von Pasquino „Quod non fecerunt barberi, fecerunt Barberini“ (Was die Barbaren nicht geschafft haben, schafften die Barberini). Bernini setzte im Auftrage von Alexander VII. Zwei Glockentürme auf die Vorhalle, von den Römern liebevoll „Eselsohren“ genannt. 1893 wurden sie (zum Glück) wieder entfernt. Der Ziegelbau mit einer Wanddicke von 6,20 Metern hat an den meisten Stellen die ursprüngliche Stuckverkleidung verloren. Wir stehen in der lichtdurchfluteten Halle unter der kühnsten Wölbung mit seiner 9 m großen Öffnung, die das Altertum hervorgebracht hat. Erst Michelangelo hat sie in der Peterskuppel in der Höhe, nicht in der Breite übertroffen. Diese ist sogar um 1,40 m weiter. Das Gebäude ist gleich einer Raumkugel konstruiert, so wie es die antike Philosophie so liebte. Die Höhe des Innenraumes mit 43,20 m ist gleich seinem Durchmesser. Die sieben Nischen mit ihren Säulen sind noch in ursprünglicher Form. Der letzte offizielle „Diebstahl“ fand – obwohl schon als Kirche geweiht – unter Konstantinus II. statt. Er ließ die goldenen Dachziegel entfernen und nach Konstantinopel bringen. Hier liegen neben den ersten Königen des geeinten Italiens die sterblichen Reste großer Künstler wie Baldassare, Peruzzi, Zucari und Carracci sowie des wohl begnadetsten Malers aller Zeiten: Raphael.

Raphael

Geboren 1483 in Urbino ging er mit 17 Jahren zu Pietro Perugino und 1504 nach Florenz. Er wollte viel von den großen Meistern lernen und folgte Leonardo da Vinci und Michelangelo nach ROM. Michelangelo soll einmal gesagt haben: „Der junge Mann aus Urbino ist wieder in meiner Kapelle herumgeschlichen“. Neben seinen berühmten Arbeiten in den Stanzen übernahm er auch noch das Amt des Konservators antiker Denkmäler und nach dem Tode Bramantes auch die Bauleitung von Sankt Peter. Durch eine hohe Arbeitsbelastung verbraucht, starb er am Karfreitag 1520, am 6. April. Er gilt als vielleicht der wichtigste Maler aller Zeiten, der in seinem kurzen Leben eine Harmonie und Vollkommenheit erreichte, neben der Michelangelo ungeschliffen und roh erschien. Kunstappetit bekommen? Unbedingt einen Besuch in den Vatikanischen Museen (Museo Vaticano) einplanen!

Tramezzino (plural: Tramezzini)

Warum ich diesem Sandwich hier einen Absatz widme. Nun, weil es die Hauptnahrung aller Reiseleiter und aller in Hektik und bewegtem Stress arbeitenden römischen Menschen ist. Ursprünglich in Turin kreiert, ist es in der italienischen Bar nicht mehr wegzudenken. Tramezzino kommt vom ital. tramezzo (mittendrin) und weist darauf hin, dass „zwischen“ den Weißbrotscheiben was Essbares zu finden ist, vorzugsweise mit Tomate, Mozzarella, Basilikum und ganz viel Remoulade bzw. Mayonnaise, gerne auch zusätzlich mit Thunfisch als „tonno“, mit Schinken „prosciutto“ oder auch Salami „salame“. Bei uns war es damals Kult, morgens gegen 11 Uhr als erste Mahlzeit ein Tramezzino tonno mit Cappuccino auf dem Mittelstreifen der Viale San Paolo auf der Rückseite der Basilica San Paolo einzunehmen und dabei auch noch etwas Sonne zu tanken ... und danach einen Campari Soda ... und ...

Piazza Navona

Der Piazza Navona, der wohl eindrucksvollste Platz des barocken ROMs, der wie so viele andere Plätze von Kirchen, Palästen und ockerfarbenen Patrizierhäusern umsäumt ist, steht auf dem Grund eines ehemaligen Stadions des Kaisers Domitian mit einer Größe von 240 x 65 m. Die Mitte des Platzes krönt das Meisterwerk Berninis, der von Innozenz X. in Auftrag gegebene Vierströmebrunnen (Fontana dei quattro fiumi). An den vier Ecken sitzen die vier Flussgötter als Repräsentanten der damals bekannten Kontinente Nil für Afrika, Ganges für Asien, Donau für Europa und Rio della Plata für Amerika. Die Figur des Nil hat viele Kunstinterpreten zu verschiedenen Deutungen animiert, u. a. soll sich die Figur mit Abscheu von der gegenüberliegenden Kirche Sant‘Agnese abwenden, die Berninis großer Rivale Borromini bis 1657 entscheidend prägte. Sei wie es sei. Auch die der hl. Agnese geweihte Kirche, die 304 an dieser Stelle ihr Martyrium erlitt, beeindruckt mit ihren vielen Barock- und Rokokoelementen. Zwei weitere wunderschöne Brunnen zieren die Kurven der Platzarena: Die Fontana del Moro und die Fontana del Nettuno. Weniger antik ist (zum Glück) die berühmte Eiskomposition aus Schokolade im Ristorante „Tre scalini“. Sehr zu empfehlen!

Bernini

Gian (Giovanni) Lorenzo Bernini wurde am 07.12.1598 in Napoli geboren und war einer der bedeutendsten Architekten und Bildhauer des italienischen Barocks. Schon früh erregt er durch seine besondere Bearbeitung des Steins die Aufmerksamkeit des Papstes. Für die Borgheses schafft er unsterbliche Skulpturen (Viele in der Villa Borghese) und steht in der Achtung aller Päpste, die ihm einen Auftrag nach dem anderen besorgen. So wird er z. B. Chefbaumeister der Peterskirche und schafft u. a. die mächtigen Säulengänge des Petersplatzes. Er prägt das Stadtbild ROMs zu jener Zeit entscheidend mit. Neben unzähligen Skulpturen und wichtigen Bauwerken erschafft er 150 Gemälde mit biblischen aber auch profanen Szenen. Mit 66 Jahren reist er sogar noch nach Paris, um die Umgestaltung des Louvre zu leiten. Er stirbt fast 82-jährig nach schwerer Krankheit in ROM und wird in der Kirche Santa Maria Maggiore begraben, in einem für seine Verhältnisse unscheinbaren Grab unter einer Steinplatte mit dem Schriftzug“ Die adelige Familie Bernini wartet hier auf seine Auferstehung“.

Borromini

Ein Jahr später als Bernini wird Francesco Borromini, eigentlich Francesco Castelli, in Bissone im Tessin geboren. Er lernt in jungen Jahren sein Handwerk als Steinmetz auf der Baustelle des Mailänder Doms. Zwanzigjährig geht er nach ROM und assistiert seinem Onkel Carlo Maderno beim Bau des Petersdoms und beweist dabei seine ungeheuren architektonischen Kenntnisse. Auch nach seinem Tod arbeitet er noch unter Bernini und hilft ihm z. B. bei der Erstellung des Papstaltars. Dabei überwindet er nie seinen Neid auf den mit Ruhm und Ehre überschütteten Bernini. Beide trennen sich im Unfrieden und bleiben dann zeitlebens erbitterte Feinde. Wichtige Werke seines Schaffens sind die winzige Kirche San Carlo alle quattro Fontane, die Kirchen Sant'Ivo alla Sapienza und Sant'Andrea alle Fratte. Auch bei der Modernisierung der Basilica San Giovanni in Laterano hat er viele Spuren hinterlassen. Irgendwie war er mit seiner Rolle, nicht so wie Bernini sozusagen automatisch neue Aufträge zu bekommen, sondern darum kämpfen zu müssen, nie wirklich zufrieden und nahm sich voller Depressionen 67-jährig das Leben. Er ist in der Nationalkirche der Florentiner, San Giovanni dei Fiorentini, einer direkt am östlichen Tiber gelegenen wunderschönen Kirche begraben. Nach wechselvoller Geschichte hatten Giacomo della Porta und Carlo Maderno diese bis 1614 fertiggestellt.

Castel Sant'Angelo

Die Engelsburg oder das Mausoleo di Adriano wurde als Mausoleum für den römischen Kaiser Hadrian erbaut, unter Kaiser Antonius Pius vollendet und sollte nach Hadrians Willen alle folgenden Kaiser aufnehmen. Sieben Kaiser (u. a. auch Marc Aurel, Septimus Severus und Caracalla) und ihre Familien schafften es in die Grabstätten ...

Vorbild des Baus war z. B. das Mausoleum Kaiser Augustus auf dem Marsfeld. Später wurde dieser solide Bau in die Aurelianische Stadtmauer integriert und als Zitadelle ausgebaut. Eine wechselvolle Geschichte mit Plünderungen der Goten, der Crescentier und anderer Wandalen sowie unfassbaren Machtkämpfen der Päpste im 10. bis 12. Jahrhundert folgte. 1277 ließ Papst Nikolaus III. den Passetto di Borgo, einen oberirdischen Gang in die Aurelianische Mauer integrieren, der den Apostolischen Palast mit der Engelsburg verband. Am 28. April 1379 besetzten sogar die Römer selbst als Anhänger des Gegenpapstes Clemens VII. ihre Engelsburg und fügten im Hass auf den rechtmäßigen Papst Urban VI. dem Kastell großen Schaden zu. Sie schlugen die komplette Marmorverkleidung runter und stürzten die beiden um den Rundbau laufenden Säulenreihen um. Der viereckige auf jeder Seite 104 m lange und 31 m hohe Unterbau lag lange in Schutt und Asche. Bei der großen Plünderung ROMs, dem sog. Sacco di ROMA durch die Truppen Karl V. im Jahre 1527, diente er Papst Clemens VII. und später auch Pius VII. vor den Truppen Napoleons als Fluchtweg. Den Namen Engelsburg erhielt die Festung als im Jahre 590 die Pest in ROM Tausende hinraffte. Der Erzengel Michael soll Papst Gregor I. (der Große) erschienen sein, um ihm das Ende der Pest zu verkünden. Er soll als Zeichen des Endes des göttlichen Zorns das Schwert in die Scheide gesteckt haben. Seit 1752 steht dort die bronzene Figur des hl. Michael in Nachfolge einer steinernen Figur aus Marmor von 1577. Diese kann man immer noch im Innenhof besichtigen. Erst seit 1901 kann man die Engelsburg als Museo di Castel Sant'Angelo besichtigen und die wechselvolle Geschichte auch unter der Inquisition, so waren hier schon Galileo Galilei und Giordano Bruno „Gäste", nachvollziehen. Zu sehen sind neben Waffen, Möbel und Gegenständen des täglichen Lebens auch die prachtvollen päpstlichen Appartements mit gar nicht so frommen Darstellungen, die den Päpsten das Gefängnisdasein wohl erleichterten.

Ponte Sant'Angelo

Die Engelsbrücke ruht auf den Fundamenten der Pons Aelius, die Hadrian zu seinem Mausoleum bauen ließ. Im 17. Jahrhundert wurde die Brücke um den 1. und 5. Bogen ergänzt, um die Tiberregulierung nachvollziehen zu können. Bemerkenswert natürlich die 10 Engelsstatuen, die 1668 von Bernini und seinen Schülern erstellt wurden. Sie halten alle ein Symbol der Kreuzigung Christi in ihren Händen und überraschen mit ihrem hintersinnigen Blick. Zwei besonders gestaltete Engel (mit Dornenkranz und INRI-Zeichen) sind Duplikate, da Papst Clemens VII. diese für zu schade befand, im Regen ROMs stehen zu müsen. Die Originale finden sich in der Chiesa Sant'Andrea delle Fratte. Bemerkenswert auch noch an der der Innenstadt zugewandten Seite die beiden Statuen der Apostel Petrus und Paulus. Sie ersetzten 1534 zwei kleine Kapellen, die an ein fürchterliches Unglück im Jahre 1450 erinnerten. Damals verlor auf der Brücke eine Reiterin die Kontrolle über ihr Pferd und die dadurch ausgelöste Panik ließ das Geländer unter der Menschenmenge zusammenbrechen. 172 Pilger starben.

Muro Aureliano

Die Aurelianische Mauer löste die viel zu eng gewordene Servianische Mauer aus dem 6. Jahrhundert v. Chr. ab und wurde unter Kaiser Aurelian 271 begonnen und von Probus 282 vollendet. Irgendwie war sie ein Teil des Anfangs vom Ende, denn schließlich gab ROM damit zu, daß vagabundierende Völker und Horden ROM erreichen und in Gefahr bringen könnten. Zu sehr nahm die Bedrohung an allen Ecken und Kanten des Reiches zu, insbesondere durch die Germanenstämme. Bis dahin war die Übermacht der römischen Truppen so groß, dass wohl niemand die Stadt ernsthaft gefährden konnte. Gute 19 km lang, 6 m hoch und 3,5 m breit mit 383 Wachtürmen und 18 größeren Toren wurde sie schnell und zügig hochgezogen. Was auch immer im Wege stand wurde einfach in die Mauer einbezogen, so z. B. Teile der Aquädukte der Aqua Claudia, die Cestius Pyramide und anderes. Trotz verschiedener Aufstockungen unter Maxentius und Honorius konnte diese 410 dem Ansturm der Westgoten unter Alarich nicht standhalten. Allerdings hat der größte Teil der Mauer alle Jahrhunderte überstanden. So stehen noch ungefähr zwei Drittel, unter anderem die großen Tore Porta Maggiore, Porta Asinaria und Porta San Sebastiano. Später wurde sogar die Engelsburg als wehrhafte Zitadelle Teil der mittlerweile 11 m hohen Mauer. Papst Leo IX. bezog den außerhalb der Wälle liegenden Vatikan aufgrund der Angriffe der Sarazenen, früher ein Sammelbegriff für alle islamischen Truppen, mit einer neuer „Leoninischen Mauer" ein und verband die alte Petersbasilika Konstantins mit der Engelsburg.

Dann errichtete Nikolaus III. den Fluchtweg vom Vatikan zur Engelsburg, den Passetto di Borgo, benannt nach dem Stadtviertel rundum. Das Spiel mit dem Feuer und unkontrollierbaren Söldnern führte am 6. Mai 1527 zum Sacco di ROMA, eine der wohl grausamsten Stadteroberung ever.

So passiert es – fast wie heute – (nicht wahr, Herr Trump?), wenn man die Geister, die man rief, nicht mehr kontrollieren kann. Für die Schweizer Garde (Guardia Svizzera) noch heute ein in jeder Weise gedenkenswerter Nichtfeiertag.

Bruschetta

Wir kennen es als Vorspeise auf der Menükarte des Italieners um die Ecke. Eine leicht zuzubereitende Brotspeise, wie Pizza eher ein „Arme-Leute-Essen", aus einer gerösteten Weißbrotscheibe, gerne z. B. pane pugliese mit Olivenöl, viel Knoblauch, Tomaten, Basilikum und weiteren mediterranen Gewürzen. Schmeckt einfach nur italienisch! Das Rezept für Daheim finden Sie im 2. Spaziergang. Dazu ein leckerer

Prosecco

Eigentlich im Vergleich zu Sekt und Champagner nur ein mit Kohlensäure aufgeblasener Weißwein vornehmlich aus der Region Venetien. Heute auch schon eher zur Qualitätssteigerung mit Flaschengärung. Schon im Altertum wurde seine hohe Gesundheitswirkung (?) gelobt. Der Name hat übrigens nicht mit dem „secco" für herb oder trocken zu tun. Das Dorf „Prosecco" im Bezirk Triest gab diesem seinen Namen so auch wie im benachbarten Ausland, so z. B. im slowenischen der Prosek, was so viel bedeutet wie abgeholzte Fläche (zum Weinanbau). Seit 2009 untersteht auch der Prosecco den strengen Bestimmungen der D.O.C. (Dominazione di origine controllata). Nichts mehr mit Tanklastwagen oder Eisenbahnwaggons voll von Proseccoverschnitt vom Importeur nach Deutschland.

6.3 ROM III mittendrin – der erlebnisreiche, lieb und teure Spaziergang von der Piazza di Spagna zum Kapitol

(Piazza di Spagna - Via Condotti - Fontana di Trevi - Piazza Venezia - Campidoglio)

Wir erwarten uns gut gelaunt an den Stufen der Spanischen Treppe. Über uns thront majestätisch die Dreifaltigkeitskirche (***Trinità dei monti****) und schaut interessiert und amüsiert auf das Treiben auf der wunderschönen nach innen und außen schwingenden mit Aufgängen, Terrassen und Absätzen ausgestatteten Treppe (***Scalinita della Trinità dei monti****). Hier scheint der Nabel der Welt für Romantiker, Verliebte und Verrückte zu sein. Noch immer? Es ist gar nicht so lange her, da war das Leben auf der Treppe ein ungewöhnlicher Genuss. Kaum packte jemand seine Gitarre aus, fand sich schnell eine Vielzahl von Menschen aller Nationen jeglichen Alters und Standes, um dann gemeinsam Lieder anzustimmen und einfach nur friedlich zu feiern. So wie wir uns eigentlich die Weltgemeinschaft in unseren Träumen vorstellen. Ein „We shall overcome" oder ein „azzurro" klingt mit jedem Akzent. Nachdem die Römische Verwaltung beschlossen hat, jegliches Sitzen und jeglichen Genuss von Getränken auf der Treppe zu verbieten, haben diese nun auch noch das zerstört. Es gibt sicherlich auf der Welt nur wenige noch unfähigere Verwaltungen als die der Stadt ROM. Diese schafft es nicht, den Unrat von den Straßen zu schaffen, aber gleichzeitig völlig absurde Verkehrswege zu installieren und dabei noch sozusagen das Aushängeschild römischer und italienischer Kultur abzuschaffen. Neben der Treppe stapelt sich Müll, die wenigen Mülleimer sind völlig übergelaufen, aber es ist Geld da, dass „Rothemden" mit der Aufschrift „Città di Roma" das auf der Treppe verweilende „Volk" vertreiben. Incredibile! Armes ROM!

Trintà dei monti über der Spanischen Treppe

Blick auf die Treppe von der Piazza

Die spanische Treppe aus dem frühen 18. Jahrhundert und die Dreifaltigkeitskirche aus dem 16. Jahrhundert sind als IN-Treff und durch Film und TV weltbekannt. War mal ein wunderbarer Ort!

Wir konzentrieren uns wieder auf die Römer, die sich von den augenblicklich dort Verantwortlichen massiv unterscheiden. Wir gehen wieder in die mirakolöse Welt der Berninis, Michelangelos und Borrominis. Von der Treppe fällt der Blick auf den Spanischen Platz (Piazza di Spagna), benannt nach der schon seit dem 17. Jahrhundert dort ansässigen Gesandtschaft am hl. Stuhl, und die ***Fontana della Barcaccia**** in Form einer Nache; gebaut von ...? Bernini! Ja und nein! Bernini's Vater Pietro soll diesen Brunnen gestaltet haben, in Erinnerung an einen hier bei einer Tiberüberschwemmung gestrandeten Kahn.

An vielen Orten der Stadt prägen die Bienen als Wappentiere der Barberini die von ihnen gesponserten Bauprojekte. So auch hier am Anfang des 17. Jahrhunderts erbauten Brunnen.*

Den Spanischen Platz verlassen wir in die Via Condotti und jetzt wird blitzartig klar, warum dieser Spaziergang von mir gar so (streckenmäßig) kurz geplant wurde.

La Fontana della Barcaccia

Piazza d'Espagna zur Piazza Mignanelli

Ja, zeitlich ist das völlig anders. Die Damen schlägt es nämlich (meist wohl nur zum Anschauen) in die unzähligen attraktiven aber sauteuren Geschäfts hier und in den Nebenstraßen. Alle großen Designer wie Armani, Dior, Cartier, Louis Vuitton, Bulgari, Prada, Gucci usw... usw. haben hier eine Filiale oder sogar ihren Stammsitz. Die muskelbepackten Shopguards vor den Türen betonen die Hochpreisigkeit der Produkte!

*Das Viertel rund um die Via del Corso ist und war schon immer Anziehungspunkt von Römern und Gästen. An der ehemaligen Flaminiapferderennstrecke wird heute anderen Sachen nachgerannt.**

Hier beginnt das Herz höher zu schlagen: Von Louis Vuitton ... über Armani ...

Prada...

bis Bulgari... usw.

Wir lassen den begeisterten Damen und den betuchten Herren Zeit, viel Zeit und verabreden uns auf der Via del Corso am ***Piazza Colonna**** mit der frisch restaurierten Marc-Aurel-Säule gegenüber der Galleria Alberto Sordí, der wohl edelsten Shopmeile der Stadt. Vorher aber suchen wir statt Blusen, Hemden und Hosen lieber Kultur und nehmen einen Cappuccino (vielleicht wegen der den Frauen überlassenen Kreditkarte „coretto al Brandy“) goethelike im ***Antico Caffé Greco**** an der Via del Corso 86.

*Die Liste der Besucherinnen und Besucher des Café Greco liest sich wie eine Abhandlung über die berühmtesten Künstler und Intellektuellen des 18., 19. und 20. Jahrhunderts. Goethe incluso.**

Blick in die Galleria Alberto Sordi *und auf das berühmte Café Greco, Via del Corso*

Wieder mit den shopping queens vereint überqueren wir die Via del Corso und begeben uns direkt zur Fontana di Trevi ohne allerdings nicht den Verkehr in der eigentlichen Fußgängerzone aus den Augen zu lassen. Wer will schon von einer rasenden blaulichtgeschützten Politikerlimousine überfahren werden? Wir lassen dann lieber die Politik im Palazzo Chigi, Sitz des Ministerpräsidenten, und im mondänen Parlamentspalast hinter uns. Man sollte sich in diesen turbulenten politischen Tagen à la italiana nicht die Laune verderben lassen. Ob Bernini wohl ahnte, welche politischen Kreise und Ansichten später in seinen Palazzo Montecitorio einzogen ...?

*Die demokratische Mitte Italiens liegt hier rund um den Piazza Colonna und entlang der Via del Corso. Hier diskutieren die Parlamentarier und das können die Italiener sehr lang und heftig.**

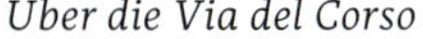

Über die Via del Corso *zum Volksauflauf an der Fontana di Trevi*

Vor dem ***Trevi Brunnen (Fontana di Trevi*)*** erwartet uns der prophezeite Volksauflauf. Jeder, der einmal in ROM verweilt, möchte dem ***Brauch*** frönen und eine Geldmünze (mit der rechten Hand über die linke Schulter) in die tosende Wasserflut werfen, um wieder zurückkehren zu dürfen. Nicolas Salvi errichtete diesen heutigen Touristenmagnet bis 1762, der sich an einen dieser sechsstöckigen Palazzi anlehnt. Er bildet das Ende einer antiken Wasserleitung (aqua vergine), die bereits unter Agrippa im 1. Jahrhundert vor Christus das mehr als kostbare Nass in die Stadt brachte. Die Entwürfe und Skizzen zu diesem Brunnen stammen übrigens von einem gewissen Bernini. Es sollte allerdings das letzte große Denkmal der auftraggebenden ***Barockpäpste*** sein.

Die genialen römischen Wasserleitungen endeten immer an einem repräsentativen Brunnenwerk – oft angelehnt an einen Palazzo. Dieser Brunnen wurde von drei Wasserwegen gespeist (Tre Vie).*

Das Getöse des Trevi-Brunnens und das Gerangel der unzähligen Touristen verfolgt uns noch lange beim Gang durch die Via delle Muratte zurück zum Corso. Hier geht es südwärts am Palazzo Doria Pamphili vorbei zur Piazza Venezia. Schon von weitem erblickt das Auge den monumentalen Wahnsinn des Ehrenmals für ***Viktor Emmanuel II.****. Hier im Zentrum des alten ROMs haben sich viele Bauherren versündigt und das antike ROM für immer unter sich verschwinden lassen. Ob der Anlass, die 1870 gewonnene ***Einheit Italiens*** zu feiern bzw. das Andenken des ersten italienischen Königs Viktor Emmanuel II. (1878) zu ehren als Begründung ausreicht, wagen viele Römer zu bezweifeln. Immerhin besuchen viele Staatsgäste den „Altar des Vaterlandes“ und das „Grabmal des unbekannten Soldaten“, aber doch wohl eher unfreiwillig.

---

*In jeder Hauptstadt befindet sich an herausragender Stelle das Grab des unbekannten Soldaten. Es soll an die unzähligen im Krieg Gefallenen erinnern, die oft unbekannt verscharrt wurden.**

Mussolini machte es wirklich gar nicht besser, als er befahl, eine sechsspurige Straße quer über die Kaiserforen vom Piazza Venezia zum Kolosseum anzulegen und dabei unendlich wertvolle antike Reste der Foren und Märkte ruinierte. Von Mussolini muss auch die Rede sein, wenn wir auf der ***Piazza Venezia**** ankommen. Vom gleichnamigen Palazzo Venezia hielt er vom mittigen Balkon seine pathetischen hetzerischen Reden und wählte diesen Palast zu seinem Regierungssitz, der mal zwei Jahrhunderte der Republik Venedig gehörte.

*Hier am Piazza Venezia treffen sich die Hauptachsen der Stadt und vereinen sich zu einem riesigen Verkehrsknäul ohne Ausweg. Eine Herausforderung für jeden (auswärtigen) Verkehrsteilnehmer.**

Das Ehrenmal überragt alles ...

aber schön ist etwas Anderes...

Wir erreichen gleich nebenan am Beginn der Via del Theatro di Macello unser Etappenziel. Aber bevor wir uns an der Kapitolstreppe von den ***Dioskuren Castor und Pollux**** begrüßen lassen, gehen wir links daneben auf der einer Himmelsleiter gleichen Treppe 124 Stufen hinauf zur Kirche ***Santa Maria in Aracoeli****, einer im 13. Jahrhundert erbauten Holzdeckenkirche mit wunderschönen Fresken und Grabmälern in Wänden und Boden. Neben dem Grab der Hl. Helena, der Mutter Kaiser Konstantins, ist wohl der „Santo Bambino" am bekanntesten, einer Statue des Jesuskindes, der wundertätige Dinge nachgesagt werden.

*Am Seitenhang des Kapitolhügels liegt schon seit dem 6. Jahrhundert eine Kirche, die allein schon durch ihre Treppenanlage als Himmelsleiter den Namen „Himmelsaltar" mehr als verdient.**

Ein persönlicher Geheimtipp: Einmal eine Osternachtsfeier in Aracoeli beim Licht der Leuchter und der Alabasterfenster mitmachen. Ein unvergessliches Erlebnis! Das „Lumen Christi" geht direkt unter die Haut!

Ara Coeli und die Kapitolstreppe

Blick in Ara Coeli mit der herrlichen Holzdecke

Begeben wir uns jetzt zur politischen Mitte ROMs hinauf auf den Kapitolsplatz (Piazza del Campidoglio). Das ***Kapitol**** ist zwar der kleinste der sieben klassischen Hügel, aber hier war das politische und religiöse Zentrum des antiken ROMs. Nicht nur die feierliche Treppe, sondern auch der wunderschöne Platz wurden von Michelangelo geplant. Man sieht gleich, dass die drei Palazzi irgendwie nicht rechtwinklig stehen. Der ***Palazzo dei Senatori*** an der Stirnseite, der ***Palazzo dei Conservatori*** rechts und das ***Museo Capitolino*** links schenken dem Platz ein Trapez, das Michelangelo durch die Gestaltung mit Stufen und hellen Bahnen so genial anordnete.

So betont er die Mitte des Platzes auf dem das Reiterstandbild (eine Kopie) des großen Kaisers ***Marcus Aurelius***, der uns genüsslich zuzuwinken scheint, Zielpunkt ist. Wie nachvollziehbar ist es, dass nicht nur der Bürgermeister ROMs hier seinen repräsentativen Sitz hat, sondern viele politische Repräsentanten und vermeintliche Herrscher anderer Länder hier gern ihren Staatsempfang abhalten. Wir auch!

Das Kapitol ist ein Synonym für Macht und Einfluss.
In aller Welt ist der Begriff Kapitol ein Markenzeichen.
*Auch im alten ROM stand hier der Tempel der wichtigsten Götter.**

Der Dreiklang auf dem Kapitolsplatz und in der Mitte ...

Kaiser Marcus Aurelius

Um die Ecke des Senatorenpalastes öffnet sich der gigantische Blick auf das Forum Romanum. Ein fast so schöner Blick wie aus dem Büro des Bürgermeisters! Wir erkennen gleich: Das schaffen wir heute nicht! Aber wir stellen uns kurz vor wie die Triumphzüge unten über die Via Sacra zu uns auf den Kapitolshügel kletterten, die siegreichen Feldherren ihren verdienten Volkeslohn erhielten und die Volkstribunen das Plebs Romana mal wieder aufwiegelten oder beschwichtigten.
So wie es gerade passte!

Der Volkstribun war eigentlich eine zutiefst demokratische Instanz
und bildete die Verbindung von Machtinhabern und Volk.
*Manche Tribuni della Plebe vergaßen das leider sehr schnell.**

Blick auf das Forum Romanum vom Kapitol

und zurück mit Blick auf das Bürgermeisteramt

Wir entdecken am Ende des Bildes das vielleicht berühmteste Bauwerk ROMs, das Kolosseum (Colosseo). Mit einem Blick sehen wir, welche Aufgaben noch vor uns sind. Einmal vor der Kurie stehen, in Gedanken die Redner von der Rostra hören und in den Tempelresten den ehemaligen Mittelpunkt der Welt wiedererkennen. Cicero hätte wohl seine Freude an uns. Mal sehen! Das wird ein Tag! Wir gehen müde aber irgendwie beschwingt und mit Tüten bepackt Richtung Hotel, um Kraft für den nächsten Gang durch die Antike zu sammeln oder auf die erfolgreichen Einkäufe anzustoßen.

Wie wäre es nun mit einem Amaro Rosso ? Tu prendi 4cl Averna (Cynar o Ramazotti Rosato), Succo di arancia rossa e un mezzo bicchiere di ghiaccio.

In alternativa un Prosecco Sbagliato? Un bicchiere di Prosecco con un colpo di Martini/Cinzano rosso e Campari decorato con un pezzo di scorza d'arancia. Salute!

Nach so einem Tag wollen wir trotz des fortgeschrittenen Abends richtig römisch essen und lassen das Hotelbett noch warten. Unser Lieblingskoch und Ur-Römer Angelo empfiehlt entweder *Trippa alla Romana* oder *Coda alla Vaccinara.*

Beim ***Trippa alla Romana*** geht es um eine eigentlich bei den einfachen Leuten beliebte Speise, die man heute auch im edlen Sternelokal finden kann. Bei den Wohlhabenden aßen das höchstens die Hunde und Katzen. Noch heute sagt man in ROM, wenn gar nichts mehr geht: *„Non c'è trippa per gatti"*. Der in Stücke geschnittene Rinderpansen bei uns auch Kutteln genannt wird in ROM nach dem Anbraten in Olivenöl, Sellerie, Knoblauch und Zwiebeln mit Minze und Pecorino Romano verfeinert. Ein beliebter Samstagsbraten!

La **Trippa alla Romana** *viene dalla cucina semplice e povera e si è trasformato a un piatto nobile e molto ricercato. La trippa romana viene profumata con menta e pecorino romano. Fatelo rosolare nell'olio di oliva carotte, cipolle e sedano. Poi aggiungi la trippa tagliata, menta, pepe, sale e dopo 10 minuti i pomodori pelati passati e lascia cuocere per 30 minuti. Conditela con una spolverata di pecorino romano. Per tradizione si mangiava la trippa romana durante il pranzo di sabato „Sabato Trippa".*

La ***Coda alla Vaccinara Romana*** ist ebenfalls eines der römischen Traditionsgerichte. Der römische Ochsenschwanz, der bedingt durch die Staudensellerie und den Weißwein eher etwas säuerlich schmeckt, ist leicht zuzubereiten. Allerdings muss er lange schmoren bis er richtig gar ist – so ca. 3-4 Stunden. Im Grunde kommen alle Zutaten in einen großen Schmortopf – neben dem Ochsenschwanz (auch oft vom Rind oder Kalb) gutes Olivenöl, Zwiebeln, Knoblauch, Möhren, natürlich Knoblauch, Salz und Pfeffer. Nach dem Ablöschen mit Weißwein der Castelli Romani mit passierten Tomaten und Brühe versehen und köcheln. So nach 3,5 Std. für den Rest der Kochzeit Sellerie hinzufügen. Je nach Beilage ergeben sich vielfältige Variationsmöglichkeiten besonders mit Nudeln.

Anche la **Coda alla Vaccinara Romana** *è uno dei piatti più tradizionali della capitale. Si prepara un trito con l'aglio, la carota, la cipolla e una costa di sedano. In una pentola grande facciamo rosolare la coda e aggiungiamo il trito di verdure, il vino bianco e i pomodori pellati. Poi lo lasciamo cuocere fino a quando la carne non si stacca dall'osso. Intanto si mette il sedano rimante e falla sobbolire per qualque minuto. La coda può essere servito in diverse variationi. Ma è sempre un ottimo sugo per la pasta.*

ROM – *Anmerkungen 3. Spaziergang*

Scalinata di Trinità dei monti

Die Spanische Treppe – benannt nach der Botschaft Spaniens beim hl. Stuhl, die hier am Spanischen Platz ihren Sitz hat – verbindet den Platz mit der Kirche Santa Trinità dei monti auf dem Pincio. Früher war hier ein unansehnlicher Wildhang, der aber im Zuge der Ausdehnung der Stadt als unpassend empfunden wurde. Insbesondere Papst Innozenz XIII. hatte große städtebauliche Ambitionen. Aber schon der Vorgänger Clemens XI. schrieb einen städtebaulichen Wettbewerb aus, den Francesco De Sanctis gewann. Sein Konzept, den 23 Meter großen Höhenunterschied mit schwingenden geteilten Treppenabschnitten und konvexen und konkaven Treppenstufen auszugleichen, bestach durch seine geniale Ausschmückung mit Terrassen und einem verengten zentralen Aufgang. Zur damaligen Zeit kein einfaches Unterfangen eine französische Kirche (Ludwig XII. hatte die Kirche finanziert) mit den Interessen des Papstes zu vereinbaren. Jahrzehntelang schwelte der Streit zwischen den französischen Königen und den Päpsten. Schließlich hatten die Franzosen die Finanzmittel zur Verfügung gestellt. Erst 1725 wurde die Treppe fertiggestellt, nachdem die Päpste sich durchsetzen konnten. Nach der Revolution in Frankreich konnte auch der Obelisk 1798 aufgestellt werden, der die päpstliche Macht eigentlich schon vorher demonstrieren sollte, aber auf erbitterten Widerstand der päpstlichen „Schutzmacht" Frankreich stieß. Die 136 Stufen waren schon immer ein beliebter Anziehungspunkt für Besucher und Touristen. Den Rest kennen sie ja ...

Trinità dei monti

Die Dreifaltigkeitskirche auf dem Pincio-Hügel auch Santissima Trinità al Monte Pincio genannt, wurde im Jahre 1502 im Auftrage des französischen Königs Ludwig XII. begonnen und 1585 von Papst Sixtus V. als Teil des dort schon seit 1494 existierenden Paulanerklosters geweiht. Baulich ging es mit der Kirche schnell bergab und wurde zwischenzeitlich nicht als Gotteshaus genutzt und diente sogar unter anderem dem Künstler Jean-Auguste-Dominique Ingres als Atelier. Erst Ludwig XVIII. sorgte 1816 für eine Renovierung und die Wiedernutzbarkeit als Kirche. Beeindruckend nicht nur als Fotomotiv über der Spanischen Treppe sind die Doppeltürme an der Westseite, die im Stil der Renaissance errichtet sind – möglicherweise nach den Plänen von Giacomo della Porta.

Fontana della Barcaccia

Der „Barkassenbrunnen“ wurde in den Jahren 1627 von Pietro Bernini, Vater von Gian Lorenzo Bernini, auf Bestellung des Papstes Urban VIII. aus dem Geschlecht der Barberini in Erinnerung an die Tiberflutkatastrophe von 1598 gebaut, wobei Bienen als die Wappentiere der Barberini und die Papstkrone an den äußeren Enden des Brunnens an den Auftraggeber erinnern. Möglicherweise hat sich auch Sohn Gian Lorenzo Bernini an den Bauarbeiten beteiligt. Der Name Barcaccia wird von der Form einer schrägliegenden Barkasse abgeleitet. Der Brunnen ist aus dem typisch römischen Stein Travertin erbaut. Unrühmliche Geschichte auch hier: So genannte Fans von Feyenoord Rotterdam sorgten bei Krawallen im Vorfeld des Europa-League-Spiels gegen den AS ROM im Februar 2015 für starke Beschädigungen, die teilweise als nicht mehr behebbar gelten! Tolle Fans!! A volte i tifosi Romani di Calcio sono fastidiosi.

Antico Caffè Greco

Seit der Mitte des 18. Jahrhunderts – ungefähr seit 1760 – befindet sich hier in der Via Condotti das wohl bekannteste Künstlercafé der Welt. Für bekannte Maler, Schriftsteller und Intellektuelle ein beliebter Treff im Herzen ROMs und in der Nähe der Spanischen Treppe. Gründer soll der Grieche Nicola della Maddalena gewesen sein, allerdings gab es schon an gleicher Stelle ein Café unter dem Namen Caffè di strada Condotta. Berühmt u. a. die Besuche Johann Wolfgang von Goethes mit seinem Freund Heinrich Tischbein im Jahre 1799. Haus und Innenleben stehen schon seit vielen Jahren unter Denkmalschutz.

Via del Corso

Dass es sogar eine Straße in die Anmerkungen schafft, hat nicht nur mit ihrer heutigen Bedeutung als wichtige Achse zwischen Piazza del Popolo und Piazza Venezia sowie ihrer Beliebtheit als Einkaufsmeile zu tun. Schon seit 220 v. Chr. ist sie Teil der Via Flaminia, der von Censor Gaius Flaminius in Auftrag gegebenen direkten Verbindung vom Kapitol nach Rimini. Später war sie eine wichtige innere Wegverbindung und wurde als Via lata, also als breite Straße bekannt. Ihren Namen Via del Corso, Rennweg, verdankt sie den Pferderennen, die hier unter dem Beifall der aus dem Fenster schauenden Patrizier im Mittelalter stattfanden. Heute wird von Geschäft zu Geschäft gerannt. Insbesondere die großen Kaufhäuser (Grandi Maggazini) Galeria Alberto Sordi und La Rinascente sind die Renner und so beliebt, dass es meist keine fondi di magazzino (Ladenhüter) gibt.

Piazza Colonna

Der „Säulenplatz" - benannt nach der dort aufgestellten Säule des Kaisers Marc Aurel - liegt mitten im politischen Herzen ROMs. So liegt an der Nordseite der Palazzo Chigi, der Sitz des Ministerpräsidenten, im Nordwesten tagen die Abgeordneten im von Bernini geplanten Palazzo Montecitorio, westlich der Palazzo Wedekind. Im Osten liegt die Via del Corso mit der Einkaufsgalerie Alberto Sordi. Die Marc-Aurel-Säule stammt aus 176 n. Chr. und wurde ihm zu Ehren nach dem Sieg über die Markomannen errichtet. Zur (politischen) Umgebung passt das umlaufende Flies mit wundersamen Sittengeschichten des Altertums. Na wenn das kein Zeichen ist!! Der herrliche Brunnen in der Nähe der Mark-Aurel-Säule wurde von Giacomo della Porta im Auftrage von Papst Gregor XII. 1576–1577 gestaltet. Übrigens: Analog zum Fluchtweg der Päpste vom Vatikan zur Engelsburg, gibt es hier einen unterirdischen Fluchtweg für Politiker, den sie bei allzu aggressiven Demonstrationen nutzen können ...

Fontana di Trevi

ROMs größter und populärster Brunnen - nicht nur durch Frederico Fellinis „Dolce Vita" mit Marcello Mastroianni und Anita Ekberg aus 1960 - lehnt sich mit einer Größe von 20 x 26 m an den Palast der Herzöge von Poli an. Die Begeisterung der Conti di Poli über diese Brunnenanlage hielt sich übrigens in Grenzen. Die sechsstöckigen Palazzi rund um den kleinen Platz vor dem Brunnen geben der Anlage einen eigenwilligen Flair. Hier war schon im 1. Jahrhundert v. Chr. das Ende einer Wasserleitung der Agrippa Ära, welche seine Thermen mit dem kostbaren Nass speiste. Nicolà Salvi schuf im Auftrage des Papstes Clemens XII. dieses Königreich des Ozeans, als letztes Bauwerk des Barocks. Der Meeresgott Ozeanus rast mit zwei Pferden (das eine lahm, das andere wild) durch einen Triumphbogen heran. Das tosende Wasser umgibt Figuren und künstliche Felsen bevor es in das riesige Wasserbecken fließt. Die kolossalen Brunnenfiguren scheinen sich in theatralischer Gestik und Mimik zur Musik des Wassers vor dem ruhenden Hintergrund der Palastfassade zu bewegen. In den 90. Jahren wurde der Brunnen umfänglich renoviert. Seit 2007 wird der Brunnen mit einer Umwälzpumpe betrieben, nachdem die speisende Wasserleitung Aqua Vergine durch einen Bauschaden unterbrochen wurde und jetzt nur noch in das große Becken fließt.

Der wahre römische ***Brauch*** sagt, dass es Glück bringe, Münzen mit der rechten Hand über die linke Schulter zu werfen und zwar genau so:

1 Münze bringt nach ROM zurück,

2 Münzen sorgen dafür, dass sich der/die Werfende in einen Römer/ eine Römerin verliebt,

3 Münzen helfen sogar dabei, dass eine Heirat folgt!

Das von den Bediensteten der Stadt ROM herausgefischte Geld (ca. 1. Million Euro jährlich) geht übrigens (möglicherweise) an die römische Caritas.

Monumento Nazionale a Vittorio Emanuele II.

Das Nationaldenkmal für König Viktor Emanuel II. ist der allüberragende Mittelpunkt der Innenstadt. Es wurde 1911 nach den Plänen von Giuseppe Sacconi als Andenken an Italiens ersten König Viktor Emanuel II. sowie an die 1870 erreichte Einigung Italiens fertig gestellt. Das 70 Meter hohe, 135 Meter breite und 130 Meter tiefe Ehrenmal mit dem Altar des Vaterlandes (Altare della Patria) und dem Grabmal des unbekannten Soldaten wird wegen seiner gigantischen Größe von den Römern gern liebevoll umgetauft. So nennt man es Hochzeitstorte (torta nuzial), Schreibmaschine (Macchina da scrivere) oder einfach das Gebiss (dentiera). Irgendwie haben die Römer nie verziehen, dass dieses Werk den Blick auf das Kapitol verhindert und beim Bau zahlreiche antike Ruinen dem Erdboden gleich gemacht wurden. Im Inneren liegt das Museo Central del Risorgimento (Museum der Italienischen Einheit) mit Informationen zur Geschichte Italiens vom 18. Jahrhundert bis zum Ersten Weltkrieg. Das Café auf der Dachterrasse erreicht man mit dem Lift und lässt eine atemberaubende Sicht über ROM zu. Zur riesigen bronzenen Reiterstatue Viktor Emanuels, die mit 10 m Länge und 12 m Höhe im Vergleich zum Gesamtkomplex gar nicht so groß erscheint, gibt es wiederum eine Geschichte. So sollen während der langen Bauarbeiten des Denkmals (Enrico Chiraradia soll allein 20 Jahre für die Statue gebraucht haben) Abendessen mit 20 Personen im Bauche des bronzenen Pferdes stattgefunden haben ...

Piazza Venezia

Der Piazza Venezia war vor der Verkehrsbeschränkung für die historische Innenstadt der wohl verkehrsreichste Platz ROMs. Der Hauptverkehr führte von der Via del Corso zum Corso Vittorio Emanuele II Richtung Osten, zur Via Nazionale Richtung Termini und über die Via dei Fori Imperiali zum Kolosseum. Diese Straße ließ Mussolini quer über die Kaiserforen ohne Rücksicht auf die unwiederherstellbaren Ruinen der Märkte anlegen. Heute versucht man, die Foren wieder mühselig auszugraben und die Reste freizulegen. Der Piazza Venezia trägt seinen Namen nach dem Palazzo Venezia, den Papst Paul II. 1451 bauen ließ und der der Republik Venedig 200 Jahre als Botschaft beim Hl. Stuhl diente. Benito Mussolini nutzte ihn als feudalen Regierungssitz.

Castor und Pollux

Die beiden griechischen Heldengestalten Kastor und Polydeukes – im Lateinischen Castor und Pollux genannt – waren gemäß der griechischen Mythologie Zwillingsbrüder abstammend von zwei verschiedenen Vätern und Mutter Leda – wie immer das biologisch hinhaute! Sie werden Dioskuren genannt, was so viel bedeutet wie „Gottessöhne“ also Zeussöhne. Castor war ein begnadeter Reiter und Pferdeflüsterer, Pollux ein ausgezeichneter Faustkämpfer. Der Kult um diese Dioskuren kam von Sparta übers Mittelmeer auch nach ROM. Diese Helfer in der Not sollen auch ROM beigestanden haben und den Sieg über die Latiner begünstigt haben. Nach der Schlacht sollen sie als Verkünder des Sieges über das Forum Romanum geritten sein.

Ara Coeli

Die Kirche Ara Coeli „Himmelsaltar“ hat wie so viele römische Kulturgüter eine lange und wechselhafte Geschichte. Hier stand schon im 6. Jahrhundert eine Basilika. Franziskaner bauten sie so 1320 um und erweiterten sie. Aufgrund der Nähe zum ehemaligen Senatorenpalast nutzte auch der römische Senat die Kirche als Versammlungsraum. Der Tribun Cola di Rienzo hielt hier seine Reden an die römische Bevölkerung und ließ auch die eindrucksvolle Treppe mit 124 Stufen als Himmelsleiter 1348 aus Dankbarkeit für das Ende der Pestperiode errichten. Es nutzte ihm übrigens nicht. Das mit seiner Regierung unzufriedene Volk lynchte ihn 1354. Das Innere ist als dreischiffige Basilika gebaut, wobei auffällt, dass die 22 Säulen nicht gleich sind. Kein Wunder, denn sie wurden (im Sinne des römischen und päpstlichen Frühsportes) aus verschiedenen römischen Gebäuden entwendet!

Die wunderschöne Kassettendecke zeigt Szenen aus der Seeschlacht 1571 von Lepanto beim Sieg über die türkische Flotte. Das hochverehrte Bambino, eine aus Olivenholz des Garten Gethsemane geschnitzte Figur des Jesuskindes, die besonders im Mittelalter sehr verehrt wurde und der viele Wunderdinge nachgesagt wurden, war mit Edelsteinen geschmückt und wohl deshalb Anziehungsobjekt für Kriminelle. Seit 1994 muss eine Kopie das Original ersetzen.

Campidoglio

Der 49 m hohe Kapitolshügel bestand ursprünglich aus 2 Hügelspitzen (Capitolium und Aux) mit einer 13m tiefen Senke dazwischen. Auf dem einen stand schon seit 344 v. Chr. der Tempel der Göttin Juno Moneta, der Prägestätte römischer Münzen – ungefähr dort, wo heute die Kirche Ara Coeli liegt. Auf der südlichen Anhöhe das später dem Hügel den Namen gebende Capitolium, ein Tempel, welcher Jupiter, Juno Regina und Minerva geweiht war. Im Osten war das Staatsarchiv des Römischen Reiches, das sogenannte Tabularium. Die Fundamente sind noch heute vom Forum Romanum aus gut sichtbar. Auf ihnen steht heute der Senatorenpalast (Palazzo dei Senatori), in dem das römische Bürgermeisteramt zu Hause ist. In der aufgeschütteten Senke liegt der von Michelangelo entworfene Kapitolsplatz (Piazza del Campidoglio) mit dem Konservatorenplast (Palazzo dei Conservatori) und dem Palazzo Nuovo. Schon damals sprach man- analog zur heutigen Projektplanung - von einem „ganzheitlichen Entwurfskonzept“, dessen Fertigstellung Michelangelo allerdings nicht mehr erlebte. Die Mitte ziert das Reiterstandbild des Kaisers ***Marc Aurel***, des Kaisers und Philosophen, der von 161 bis 180 römischer Kaiser war. Marcus Aurelius Antoninus Augustus war ein leidenschaftlicher Anhänger der griechischen Philosophie und versuchte, seine Rolle als Kaiser und Philosoph in Einklang zu bringen. Eher eine Quadratur des Kreises! So soll er sich selbst immer wieder für die Philosophie motiviert haben, was in dem Ausspruch deutlich wird: „Hüte Dich, dass Du nicht als Kaiser ein Tyrann wirst.“ Sein bekanntestes Werk „Selbstbetrachtungen“ schrieb er selbst in altgriechisch!

Tribuno della Plebe

Eigentlich eine tolle Einrichtung und schon ein kleiner Vorgriff auf demokratische Zeiten. Der Volkstribun, tribunus plebis, sollte die Rechte der Plebejer, also des einfachen Volkes, gegen die herrschenden Patrizier durchsetzen. Erst 2 später dann bis zu 10 Personen hatten das Recht, gegen die Beschlüsse der Konsuln oder des Senats ein „Veto" („ich verbiete") einzulegen. Sie genossen große Privilegien und durften nicht angegriffen werden. Sie galten als „sakrosankt" also als „hochheilig" oder „unverletzlich" und konnten auf dem Forum, wo sie meist von morgens bis abends zu finden waren, von allen Bürgern angesprochen werden, um ihnen in schwierigen rechtlichen Situationen zu helfen. Aber wie das so immer in der römischen Geschichte war. Auch diese Stellung wurde später bürokratisiert und verfremdet.

So soll sich sogar Caesar selbst als „Volkstribun" bezeichnet haben. Der Begriff wurde in der Französischen Revolution besonders eifrig missverstanden. So soll sich auch Robespierre als Volkstribun verstanden haben. Das Ende kennen Sie ja!

Übrigens fand ich vor zum Glück schon längerer Zeit in der Zeitung ein Zitat von Herrn Donald Trump, dass er sich als Volkstribun verstehe ...
Sie wissen jetzt bestimmt, was ich meine!

6.4 ROM IV antiker geht's nimmer – Vom Forum Romanum zur umfassenden Wahrheit

(Foro Romano – Colosseo – Circo Massimo – Aventino – Bocca della verità – Isola Tiberina)

Wir treffen uns zu einem wahren Blick in die römische Antike und ihre Geschichte im Zentrum ROMs. Ein Spaziergang mit den wohl nachhaltigsten Eindrücken liegt vor uns! Wenn die Phantasie dann noch mitspielt, können wir uns auf eine wunderbare Zeitreise begeben, die uns die Größe und die Macht der römischen Epoche eindrucksvoll nachahmen lässt. Wir beginnen mitten im Herzen und nehmen uns Zeit, viel Zeit. Vielleicht brauchen wir auch zwei Tage, um überhaupt annähernd alles aufzunehmen und zu speichern. Der Eingang zum ***Forum Romanum**** liegt jetzt an der Via Sacra gleich gegenüber dem Kolosseum. Nach der Taschen- und Personenkontrolle alla aeroporto öffnet sich für uns die Mitte des ganzen Römischen Reiches.

Eingang zum Forum Romanum am Titusbogen

Das antike Pflaster der Via Sacra

Hier war die Schaltzentrale der Macht, hier wurden die für die Ewigkeit und die Lateinschüler verfassten Reden Ciceros, Catilinas und Catos vorgetragen. Auf der Rostra, die wir über die Via Sacra vorbei an der Basilica Aemilia und dem Tempel des Caesars erreichen, hatten sie ihre Rednerbühne und blickten von dort am Triumphbogen des Septimus Severus vorbei auf den lapis niger über dem Grab von Romulus (?) und auf die pseudodemokratische Kurie des Senats, dem politischen Entscheidungsgremium des Staates – allerdings nur, wenn mal gerade kein Caesar, kein Alleinherrscher da war. Wir gehen nordöstlich an der Basilica Julia, der von Caesar erbauten Gerichtshalle vorbei, stellen uns vor, wie im Tempio di Vesta die jungfräulichen Vestalinnen das heilige Feuer hüteten und gehen über die Via Nova Richtung Titusbogen, um den Weg hoch zum ***Palatin**** zu suchen.

*Das ehemalige Zentrum der Weltmacht ROM war jahrhundertelang nichts als ein Steinbruch. So benötigt man doch auch noch eine Portion Phantasie, um sich in die antike Zeit hinein zu denken.**

Hier, wo einst das Villenviertel der oberen 100 war, wo die Imperatoren ihren Privatwohnsitz hatten, flanieren wir jetzt an den Resten der Casa di Livia und der Domus Flavia vorbei zu den Farnesischen Gärten des 16. Jahrhunderts und begeben uns wieder zum Ausgang am Titusbogen. Wer den Umweg liebt wird beim Gang über die Via San Bonaventura gleich von der Via Sacra noch einmal zum Palatin (ohne Eintritt) mit einem wunderschönen Blick auf das Forum und auf die Kirche San Bonaventura al Palatino belohnt. Diese kleine Barockkirche aus dem 17. Jahrhundert ist Klosterkirche der Franziskaner und beherbergt eine Vielzahl von Reliquien.

Blick vom Platin auf das Forum über die Kurie bis zum Kapitol und auf die Basilica Constantina

*Auf dem Palatin ließen sich die Reichen und Schönen nieder, um ganz nah bei den Herrschern zu sein. Ein typisches abgeschottetes Viertel der oberen 100 fast wie heute - aber vor 2000 Jahren.**

Gleich gegenüber nimmt uns die Kulisse des größten damaligen Theaters, dem ***Kolosseum* (Colosseo)***, den Atem und dokumentiert einzigartig, dass es zu Recht zu den sieben neuen Weltwundern gezählt wird. Die gigantischen Arkaden spiegeln auch das Innenleben dieses riesigen Bauwerkes wider. 50.000 Zuschauer feierten 100 Tage lang die Einweihung. Titus, Sohn des eigentlichen Erbauers Kaiser Vespasian, eröffnete im Jahre 80 in einer wohl nie dagewesenen Zeremonie das Amphitheater.

Blick vom Palatin auf das Kolosseum

und vom Vorplatz auf den Haupteingang

Brot und Spiele, „panem et circenses“, sollten das Römische Volk erfreuen und von den zahlreichen Problemen des einfachen Volkes ablenken. Und davon gab es eine Menge. Immer wieder sorgten Versorgungsengpässe für nahende Hungersnöte, die Wasserversorgung und die „Entsorgung“ klappten mehr schlecht als recht und immer mehr Menschen zog es in die Stadt, so dass es an einigen Stellen einfach viel zu eng wurde.

Die offenen Feuerstellen raubten so manchem Römer das Dach über dem Kopf. Aber damals wie heute mit Olympia, Fußball und Großereignissen versuchten die römischen Herrscher und selbsternannten Heilsbringer durch Unterhaltung das Volk bei Laune zu halten. Eine Unzahl von Gladiatoren, todgeweihten Gefangenen wie den Märtyrern und Herden von Tieren bezahlten dies mit ihrem Leben!

Es hat sich auf dieser Erde leider gar nicht so viel geändert, geschweige denn verbessert!!

Der Innenraum des Kolosseums mit Blick auf die Ränge und die unterirdischen Räume

*Nicht nur die Dimensionen erinnern an unsere modernen Sportstadien. Auch der Sinn des Colosseums war ähnlich. Ablenkung für das Volk von den alltäglichen drückenden Problemen.**

Vom Kolosseum gehen wir (fast) durch den ***Konstantinsbogen**** (Arco di Constantino) Richtung Circus Maximus. Dieser sicherlich besterhaltenste und größte aller Triumphbögen wurde vom Senat zu Ehren Kaiser Konstantins nach seinem Sieg über Maxentius an der Milvischen Brücke 312 n. Chr. gebaut.

Interessant auch hier wie sich die Römer immer wieder an anderen Objekten bedienten, um Neues zu schaffen. So war der Glaube in die Bildhauerfertigkeiten im 4. Jahrhundert nicht mehr ganz so ausgeprägt und so nahm man auch einfach „gebrauchte" Reliefs, die eigentlich mit der Zeit Konstantins gar nichts zu tun hatten.

Also: „***Recycling à la Romana!*** Sei wie es sei, Konstantin genoss hohes Ansehen im Senat und im Volke.

*Gleich neben dem Colosseum gehört der Konstantinsbogen zu den wohl bekanntesten Triumphbögen für einen beim Volk hoch angesehenen Kaiser in einer langen Zeit des Friedens.**

Konstantinsbogen am Ende der Via San Gregorio

und die Inschrift zu Ehren des Kaisers Konstantin

Über die Via San Gregorio gehen wir am beliebten Museumseingang zum Palatin vorbei und erreichen die Piazza di Porta Capena.

Dort erkennen wir die riesigen Ausmaße des ***Circus Maximus****, der Wagenrennbahn des alten ROMs. 500 m lang sind jeweils die beiden Langbahnen und die Tribünen konnten bis zu 300.000 Zuschauer fassen. Das Areal wird heute noch für wunderbar illuminierte Konzerte von Rock bis Italo-Pop genutzt! SEMPRE ROMA ...!

*Die noch immer vorhandenen ursprünglichen Ausmaße des Circus Maximus helfen uns, sich in die berühmten Wagenrennen des alten ROMs zu versetzen und mit 300.000 Menschen zu feiern.**

Die Ausmaße des Circus von der „Südtribüne" aus

Blick über den Circus auf die Ruinen des Palatins

Nach ca. der Hälfte der Südwestseite des Circus gelangen wir zum Aufstieg von der Piazzale Ugo la Malfa zur Kirche ***Santa Sabina all'Aventino****. Wir folgen dem Clivo dei publicii durch das malerische und erstaunlich ruhige Viertel mit wunderschönen Villen und für römische Verhältnisse unfassbar: mit Gärten. Wer hier wohnt, hat es geschafft! Wir lassen auch den wunderschönen Orangengarten rechts liegen und begeben uns in das Gotteshaus. Diese alte frühchristliche Basilika belohnt den Aufstieg mit Mosaiken, korinthischen Säulen und der ältesten holzgeschnitzten Tür der christlichen Kunst aus dem 5. Jahrhundert und einem atemberaubenden Blick von der Terrasse über den Tiber auf die Stadt. Beliebtestes Ziel für Touristen bleibt hier aber immer noch der Blick durch das „Schlüsselloch"! Wenn man ein Auge durch das Schlüsselloch an der Gartentür wirft, schaut man direkt durch das Spalier von Bäumen auf die Kuppel von St. Peter. Da die modernen Reisebusse den Aventinhügel nicht mehr schaffen, braucht man auch nicht mehr wie früher für diesen Blick lange Schlange stehen. Diese Ruhe! Auch das ist ROM.

Vom Aventin über St. Peter zum Monte Mario

Santa Sabina mit korinthischen Säulen

*Die wunderschöne 1600 Jahre alte Kirche Santa Sabina all'Aventino steht deutlich im Schatten eines zugegeben herrlichen Blicks durch ein Schlüsselloch. Irgendwie trotzdem unglaublich.**

Der Weg führt uns wieder abwärts. Wir kürzen wieder über den „Clivo" ab und erreichen unten an der Piazza die Kirche ***Santa Maria in Cosmedin****. Schon von weitem erhebt sich der siebenstöckige Campanile und weist uns den Weg zum ***Bocca della verità****. Der altrömische Lügendetektor bestrafte der Sage nach alle Meineidigen, die ihre rechte Hand in den steinernen Mund legten. Die große Steinmaske in der Kirchenvorhalle beeindruckt auch heute noch durch ihren martialischen Blick und begeistert eifersüchtige Ehemänner, die gerne ihre Frauen hierhin schleppen möchten!

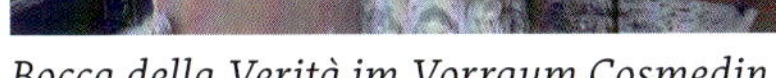

Bocca della Verità im Vorraum Cosmedin

Blick über den Tritonenbrunnen auf Hercules Victor

*Auch hier lenkt ein antiker Kanaldeckel von einer wunderbar harmonisch gestalteten Kirche aus dem frühen Mittelalter ab. Aber die Geschichten rund um die Wahrheit sind immer anziehend.**

Uns begeistert eher das wundervolle Ensemble an der Piazza della Bocca della Verità. Hier war der alte römische Viehmarkt, das ***Forum Boarium****. Wir blicken von Santa Maria in Cosmedin durch den ***Tritonenbrunnen*** (Fontana dei Tritoni), der eher einer Skulptur als einem Brunnen gleicht, auf den ***Tempel des Hercules Victor*** (Tempio di Ercole Vincitore) – oft fälschlicherweise als Vestatempel bezeichnet – und auf den ***Tempel des Portunus*** (Tempio di Portuno) – ebenso oft bekannt als Tempel der Fortuna Virilis. An der nordöstlichen Seite begrenzt der ***Janusbogen*** (Arco di Giano) den Platz und besticht mit seiner quadratischen Form, ein Quadrifrons. Um die Ecke an der Kirche San Giorgio in Velabro der ***Bogen der Geldwechsler*** (Arco d'Argentarii), der eigentlich gar kein Bogen, sondern eher ein Querbalken auf zwei Stützen ist. Alles hier erinnert an den alten Stadthafen Portus und den dazu gehörigen Hafengott Portunus, die diesen Platz prägten und Händler aus nah und fern in die Stadt lockten. Hier wurden die Waren von den Seeschiffen umgeschlagen, gekauft bzw. verkauft und auf Karren weiterbefördert.

*Die Gegend rund um den alten Stadthafen am Tiber war nicht nur Viehmarkt und Treffpunkt für Händler aus aller Welt, sondern auch Durchgang zum antiken Zentrum am Forum Romanum.**

Am Tiber bewundern wir nahe der ***Tiberinsel* (Isola Tiberina)*** die Ausmaße der ***Cloaca Maxima****, der größten Abwasserleitung des alten ROMs, die hier in den Tiber führt, und die ältesten Brücken der Stadt. Dort, wo der Legende nach ein schwerbeladenes Schiff untergegangen war, wurde schon zwei Jahrhunderte vor Christus der Kult des Heilgottes Äskulap gepflegt. Noch heute ist dieser durch das dort ansässige Krankenhaus „Fatebenefratelli (heißt so viel wie „Macht es gut Brüder") lebendig. Neben den ältesten Brücken ROMs der „Ponte Fabricio" aus 62 v. Chr., der „Ponte Cestio" aus 46 v. Chr. finden wir noch vor der Insel die Überreste der zerstörten Tiberbrücke „Ponte Aemilio", die noch 100 Jahre älter ist und als älteste Steinbrücke ROMs gilt. 1700 Jahre war sie funktionsfähig und wird nun heute nur noch respektlos als ***„Ponte Rotto"*** als zerstörte Brücke bezeichnet. Wir gehen sozusagen über die Insel und nutzen die Ponte Palatino und gelangen vom diesseitigen Teil ROMs, dem Ghetto, in dem sich rund um die große Synagoge viele Bürgerinnen und Bürger jüdischen Glaubens schon seit Jahrhunderten niedergelassen haben, auf die andere Seite „Trastevere".

*Die Tiberinsel ist ein sagenumwobener Ort mit vielen tiefsinnigen Geschichten rund um Heilkunst, griechische und römische Götter, Schiffskatastrophen sowie antiken Brückenbauten.**

Wir lassen den Tag langsam ausklingen – falls wir nicht schon vor Stunden „forumromanumbedingt" im Abendlicht gelandet sind.

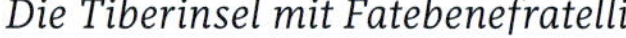

Die Tiberinsel mit Fatebenefratelli

Ponte Rotto mit dem erhaltenen Brückenbogen

Also wie wäre es jetzt mit einer ***Pasta Carbonara****
oder einem ***Saltimbocca alla Romana**** ?
Dazu ein leichter römischer Weißwein oder mal Rosato?

Einfach z. B. in die Via dei Vascellari abbiegen und Buon appetito!

***Pasta Carbonara**,*
eine cremige Spaghetti-Komposition mit Eiern,
Speck, Peccorino Romano und schwarzem Pfeffer.

*Spaghetti con guanciale, pecorino Romano,
sale, pepe nero, tuorli.*

******Saltimbocca alla Romana*** Angelo empfiehlt:
Hauchdünne Kalbschnitzel mit einer Scheibe
rohen Schinken und einem Salbeiblatt
in Butter und etwas Olivenöl anbraten,
mit Salz und Pfeffer würzen
und mit Weißwein ablöschen.
Das springt wirklich in den Mund!

*Carne di vitello con prosciutto crudo e salvia,
tutto fato in patella con vino bianco, olio e burro.
Condimento con sale e pepe. Da saltare in bocca!*

ROM – *Anmerkungen 4. Spaziergang*

Foro Romano

Das ist so eine Sache mit dem Forum Romanum. Hier kann man in einem antiken Spaziergang nach einer Stunde viel gesehen haben oder Tage oder Wochen verbringen, um auch die vielen Kleinigkeiten und Geschichten des Machtzentrums der römischen Welt zu verstehen. Was wäre wohl gewesen, wenn nicht insbesondere in der Zeit ab des 13. Jahrhunderts dieses Forum als Kuhweide (Campo Vaccino) und als Steinbruch benutzt worden wäre. Insbesondere die aus dem Exil aus Avignon rückkehrenden Päpste ließen alles abräumen, was irgendwie zum Kirchenbau u. a. für den Lateran oder den Petersdom zu nutzen war. Urban VI. ließ alles durchwühlen, um noch besondere Stücke zu entdecken. Im 17. Jahrhundert war die Via Sacra eine Ulmenallee. Nicht mal Goethe gönnte dem Forum einen Seitenblick auf seiner italienischen Reise. Erst zu Beginn des 19. Jahrhunderts entdeckte man den unendlichen Wert der ehemaligen Zentrale ROMs. Wir kennen ihn!! Also versuchen wir mal die Quadratur des Kreises... und beginnen nach der Einlasskontrolle am Triumphbogen des Titus (Arco di Tito), dem ältesten Siegesbogen ROMs. Kaiser Domitian ließ ihn nach dem Tod des Feldherrn und Kaisers Titus zur Erinnerung an die Eroberungen Palästinas und die Unterwerfung des jüdischen Volkes im Jahre 70 errichten. So erkennen wir auf den Reliefs nicht nur den Feldherrn Titus auf seinem Kampfwagen, sondern auch die Insignien der jüdischen Niederlage, so den siebenarmigen Leuchter, den Tisch der Schaubrote und die Trompeten des Tempelschatzes Jerusalems.

Auf der rechten Seite erblicken wir die Basilika Konstantins, den von Kaiser Konstantin vollendeten Bau der Basilica di Massenzio, begonnen schon 306 n. Chr., mit einer Fläche von 6.000 qm ein Vorbild für den Basilikabau. Über die Via Sacra gehen wir nordwestwärts am Tempel des göttlichen Romulus und dem Tempio di Faustina und Antonius Pius vorbei zur langgezogenen Basilica Aemilia. Auf der anderen Seite liegt der Tempio di Cesare und die Phocas Säule (Colonna di Foca), dem wohl letzten Bauwerk auf dem Forum aus dem Jahre 608 n. Chr. Jetzt sind wir an der Rostra, der Rednerbühne des alten ROMs. Der Name der Rostra stammt von den Schiffsschnäbeln, die hier zum ersten Mal der Konsul Gaius Maenius 338 v. Chr. befestigen ließ. Hier war der Ort der Debatten, der Beweihräucherungen und der (leisen) Kritiken. Davor liegt rechts der Lapis Niger, der Schwarze Stein, der der Sage nach das Grabmal von Romulus bedecken soll. Unter den schwarzen Marmorplatten findet man eine abgebrochene Stele (Forum Cippus), deren altlateinische Inschrift auf die Kaiserzeit des 6. bzw. 7. Jahrhunderts vor Christus hinweist, aber eher nicht auf den ROM-Gründer Romulus. Dahinter der bescheidene Rest des kleinen Tempels Umbilicus Urbis, der aber darüber hinwegtäuscht, dass er eigentlich der Nabel der römischen Welt war. Von ihm aus maß man die Entfernungen der großen Heerstraßen, die die römischen Soldaten in alle Welt brachten. Er war die Verbindung zwischen Ober- und Unterwelt und wurde deshalb auch ‚Mundus' genannt. Von dort links im Blick der Bau der Kurie, in der die Senatoren über das Schicksal ROMs und seiner Bevölkerung entschieden bzw. entscheiden wollten, wenn sie durften. Viele Diskussionen in diesem ehrwürdigen Hause haben es bis ins Lateinbuch geschafft. Mächtig erhebt sich hinter der Rostra noch der dreitorige Triumphbogen des Septimus Severus, der zu seiner und seiner Söhne Geta und Caracalla Ehre 203 in Erinnerung der Siege über die Parther errichtet wurde. Mit einer Höhe von 21 m und einer Breite von 23 m liegt er hinter dem Konstantinsbogen auf Platz 2 der Bogenrallye (competizione d'archi) des antiken ROMs. Die Relieftafeln zeigen u. a. Szenen aus den kriegerischen Auseinandersetzungen mit den Parthern (Das Partherreich lag im Gebiet des heutigen Irans). Nach dem Tode Kaiser Septimus Severus brachte Caracalla als erste Amtshandlung seinen Bruder Geta um und löschte dann seinen Namen auf dem Bogen! Der Tempel des Saturn (Tempio di Saturno) barg neben einem Altar für Gott Saturnus noch den Römischen Staatsschatz Aerarium Populi Romani und wichtige Schriften und Gesetze. Er soll so um 500 v. Chr. zum ersten Male errichtet worden sein. Beliebt waren im Volke die „Saturnalien", das wohl zweitwichtigste Fest der Römer. Am 17.12. jeden Jahres war hier er Teufel los: Es gab trinkfreudige Gelage, das sonst verbotene Würfelspiel war gestattet und die Sklaven durften sich an diesem Tage der Herrschaft gleichgestellt fühlen. Man schenkte sich Kerzen und Tonpuppen. Aber wie gesagt: Nur an diesem Tage!!! Die Basilica Julia nebenan war das Gerichtsgebäude, das Caesar kurz vor seiner Ermordung errichten ließ. Der rechteckige Tempio di Castore und Polluce, auch Tempel der Dioskuren genannt, erinnert an die Sage aus dem Jahre 496 v. Chr. Nach dem Sieg über die Tarquinier erschienen die beiden göttlichen Dioskuren auf ihren Pferden auf dem Forum und überbrachten die Siegesnachricht. Nachdem sie ihre Rösser in der Quelle der Juturna getränkt hatten, verschwanden sie, wie sie gekommen waren. Zu ihren Ehren weihte man diesen Tempel, der auch die Modelle der römischen Gewichte und Maße beherbergte, im Jahre 484 v. Chr. Religiöser Mittelpunkt des Forums war wohl der Tempio di Vesta, ein Rundbau auf hohem Podium mit 20 korinthischen Säulen. Hier hüteten die Vestalinnen, Jungfrauen aus den adeligsten Häusern ROMs, das heilige Feuer, das nie ausgehen durfte, um Unglück von ROM abzuwenden. Das zu Ehren der

Göttin des Herdfeuers gewidmete Heiligtum war kein normaler Tempel. Es enthielt kein Bild der Göttin und war Männern - mit Ausnahme des Pontifex Maximus - nicht zugänglich. Am 1. März, dem römischen Neujahrstag, wurde mit dem „Frühjahresputz“ auch das Herdfeuer gelöscht und vom Feuer des Herdes der Vesta neu entzündet. Mit dem Haus der Vestalinnen, in denen die ausgewählten Jungfrauen wohnten, bildet das Ensemble das Atrium Vestae

Palatino

Das (ehemalige) Villenviertel ROMs liegt auf dem Palatin, dem wohl vornehmsten und geschichtsträchtigsten Hügel der Stadt. Hier spielte sich (der Sage nach) die Gründung ROMs durch Romulus und Remus ab, hier wurde die älteste Siedlung der Stadt identifiziert - strategisch wertvoll am Tiber und in der Nähe der Tiberinsel (Isola Tiberina). Sicherlich braucht man beim Gang über den Palatin viel Phantasie und Einfühlungsvermögen, um die Ruinen in Paläste der ehemaligen Kaiser, Politiker und Schriftsteller zu verwandeln. Die Kaiser Augustus und Domitian, der Mäzen Agrippa und der berühmte Redner Cicero gaben u. a. diesem Nobelviertel ihr Gesicht! Bei einem Rundgang gehen wir an den Palazzi vorbei - wobei dieser Name wohl auch eindeutig von Palatino kommt - und bestaunen die Reste des Domus Augustanus, das Haus seiner Gattin Livia (Casa di Livia), den Palast der Flavier (Palazzo dei Flavi), die eindrucksvolle Wettkampfarena Kaiser Domitians (Stadio Domiziano) und die Farnesischen Gärten (Orti Farnesiani) aus dem 16. Jahrhundert. Unser Endpunkt ist die rechteckige Terrasse mit unglaublichen Panoramablick direkt an den Ruinen der Thermen Kaiser Septimus Severus (dem mit dem Triumphbogen auf dem Forum). Mit ihren mächtigen Bauten, Pfeilern und Bögen beindruckt die riesige Badelandschaft der Terme di Settimio Severo noch heute.

Colosseo

Das Kolosseum war das größte geschlossene Bauwerk der römischen Antike und in seiner Bauform als Arena ein Vorbild für alle großen Wettkampfstätten und Stadien. Obwohl in den 2000 Jahren seit seiner Eröffnung im Jahre 80 das Bauwerk viel über sich ergehen lassen musste - so wurde es zum Beispiel als Steinbruch für andere römische Bauten und Kirchen benutzt -, zeigen die heutigen Ausmaße noch deutlich, welcher gigantischer Baukörper es ist. Dieser Arkadenbau mit einer Länge von 188 m, einer Breite von 156 m und einer Höhe von 57 m in vier Geschossen bot im Innenraum Platz für rund 50.000 Menschen. Kaiser Vespasian wollte sich hier ein Denkmal für die

Ewigkeit schaffen, das sein Sohn Titus 80 n. Chr. mit einer unglaublichen Feier von 100 Tagen einweihte. Den Fußboden konnte man so gestalten, dass sogar Seeschlachten nachgespielt werden konnten. Heute noch gut sichtbar sind die vielen Räume unterhalb des Bodens, in denen sich die Umkleideräume für die Gladiatoren, die Käfige für die wilden Tiere und Materialräume befanden. Das Kolosseum konnte man sogar mit einem Zeltdach schließen. 240 Masten hielten das Zelttuch gespannt. Es war Austragungsort verschiedener sportlicher Wettkämpfe, Festspielen und Theateraufführungen. Besonders heute noch bekannt sind die sogenannten Gladiatorenkämpfe, in denen sich die Kämpfer miteinander oder auch mit wilden Tieren messen mussten. Oft waren es Gefangene aus besiegten Provinzen, die durch einen Sieg ihre Freiheit erlangen konnten oder auch Christen, die hier als Märtyrer starben. Das Volk auf den Rängen zeigte durch ein „Daumen hoch“ oder „Daumen runter“, ob der Kämpfer erfolgreich war. Der Eintritt war für die Römer kostenlos. Die Spiele im Kolosseum sollten über die vielen Probleme ROMs hinwegtäuschen und das Volk durch Unterhaltung ablenken. Der Spruch „panem et circenses“ (Brot und Spiele) wird heute noch wie damals von Alleinherrschern praktiziert. Hat das Volk Unterhaltung und genug zu essen, kann ich als Despot machen, was ich will und keiner demonstriert. Heute zählt das Kolosseum zu den sieben neuen Weltwundern.

Arco di Constantino

Der Konstantinbogen wurde für Kaiser Konstantin nach seinem Sieg über seinen Erzfeind Maxentius 312 n. Chr. an der Milvischen Brücke errichtet und mit einer Vielzahl von Reliefs versehen. Eher ungewöhnlich, dass er dafür einen Triumphbogen erhielt, wo er doch eigentlich gar keinen äußeren Feind ROMs besiegte. Er ist der größte und besterhaltene der römischen Siegesbögen (21 m hoch, 25,7 m breit, 7,4 m tief). Erst im 19. Jahrhundert wurde der im Mittelalter in die Festung Frangipani mit dem Kolosseum einbezogene Bogen freigelegt. Den Bogen zieren viele Motive aus Bereichen, die mit Konstantins Siegeszügen nun rein gar nichts zu tun hatten, so z. B. Jagdszenen auf Eber, Löwen und Bären, Opfer für Herkules und Apollo, Flussgottheiten ... Das mittlere Feld der Attika Richtung Kolosseum klärt uns allerdings umfassend auf. Steht doch da auf lateinisch: „Dem Imperator Caesar Flavius Constantinus Maximus, dem frommen und glücklichen Augustus, widmen der Senat und das römische Volk diesen Bogen als Zeichen des Triumphes, denn durch göttliche Eingebung und durch Großmut hat er mit seinem Heer den Staat mit Hilfe eines gerechten Krieges gleichzeitig vom Tyrannen und von allem Aufruhr befreit“. Jetzt wissen wir ja alles!!

Circo Massimo

Die größte Wagenrennbahn („maximus") mit ihrer Länge von 500m (ursprünglich sollen es sogar 620m gewesen sein) fasste bis zu 300.000 Menschen und stammt aus dem 2. Jahrhundert. Viele Bauten gehen auf Kaiser Trajan zurück. Augustus ließ hier einen Obelisken aufbauen, der nun den Piazza del popolo ziert. Todesmutige Gladiatoren und Wagenlenker boten den Zuschauern großes Kino. Die Senke zwischen Palatin und Aventin, ursprünglich ein tiefes Sumpfgebiet, wurde schon im 6. Jahrhundert v. Chr. trockengelegt und war schon bald ein Gelände für diverse Kampf- und Spielshows. Angeblich soll der berühmte Raub der Sabinerinnen (das aufstrebende ROM brauchte Frauen und Romulus engagierte dafür zur Ablenkung der aus der Umgebung angereisten Väter ein Wagenrennen, um dann die Mädchen entführen zu können) hier stattgefunden haben. Heute hilft höchstens die Musik und die unvergleichbare Atmosphäre bei Konzerten von Eros Ramazotti und anderen Italobarden bei der Annäherung an das schöne Geschlecht...

Santa Sabina all'Aventino

Wir gehen über einen kurzen Fußweg durch das Wohnviertel hoch auf den Aventin. Hier erwartet uns mit der Kirche Santa Sabina eine außergewöhnliche Kirche aus dem 5. Jahrhundert. Petrus von Illyrien errichtete diese 425-432 auf den Mauern einer antiken Titularkirche im Hause der Römerin Sabina. Papst Eugen II. schaffte es in seiner kurzen Papstzeit bis 827 die Kirche u. a. mit einer Sängerbühne und einem Altarziborium auszustatten. 1219 schenkte Honorius III. die Kirche dem hl. Dominikus, der hier im benachbarten Kloster den gleichnamigen Orden gründete, wo er z. B. auch mit dem hl. Franziskus zusammentraf. Die dreischiffige Säulenbasilika, bei der das Mittelschiff direkt in die halbrunde Apsis läuft, beeindruckt mit ihren 20 kannelierten korinthischen Säulen aus parischem Marmor. Das Mosaik auf der Eingangswand trägt eine goldene Inschrift auf blauen Grund und bezeugt die Erbauung der Kirche durch Petrus von Illyrien. Von den Arkadenbögen leuchten in rot und grün Einlegearbeiten aus Porphyr und Serpentin. Die 5 Ornamentplatten an der Vorderseite der Apsisschranken sind Meisterwerke langobardischer Steinmetze. Die Katharinenkapelle birgt das Bild der Rosenkranzmadonna zwischen Dominikus und der hl. Katharina von Siena. Sehenswert auch der 1212 von römischen Marmorkünstlern errichtete Kreuzgang mit seinen abwechselnd einfachen und doppelten Säulen mit ihren kelchartigen Blattkapitellen. Zur kurzen Rast lädt der kleine Parco del'Aventino ein mit dem feinen Blick auf das rechte Tiberufer und dem bizarren Brunnen am

Eingang, bei dem sich das Wasser aus einer Tritonenmaske in einen Sarkophag ergießt (s. Titelbild). Auf dem Platz nebenan liegt der Eingang zum (verschlossenen) Park der Botschaft des Malteserordens mit dem wohl berühmtesten Schlüsselloch (buco) der Welt. Durch das Schlüsselloch erblickt man erstaunlich nah den Petersdom, obwohl Tiber, Gianicolo und ganz Trastevere dazwischen liegen. Noch eine Besonderheit: Durch das Schlüsselloch erblickt man drei Staaten gleichzeitig: Italien, den Vatikanstaat und das souveräne Gebiet des Malteserordens, das hier mit 6.000qm selbstverwaltet wird und sich über den Aventin zieht. Bevor Ihr diesen Ort verlasst, genießt die Rast im Orangengarten (Giardino d'aranci) mit seinen Pinien und Orangenbäumen.

Basilica di Santa Maria in Cosmedin

Von weitem grüßt der siebenstöckige Campanile dieser erstaunlich harmonisch gestalteten mittelalterlichen Kirche, die für ihre Vollendung von 772 an mehrere Jahrhunderte benötigte. Ihr alter Name war Santa Maria in Schola Graeca. Erst 1124 weihte Papst Calixtus dieses Kleinod ein. Vielleicht ist der Name byzantinisch, denn Papst Adrian I. schenkte sie der großen griechisch-byzantinischen Gemeinde, die auf der Flucht vor Verfolgung aus dem Osten nach ROM kam. Oder aber der Name geht eben auf das griechische Wort Cosmedin für Schmuckstück oder Ornament zurück und bezieht sich auf die wertvollen Goldmosaiken (Cosmaten), welche berühmte römische Künstler im 12. Jahrhundert ausführten. Neben dem Campanile beweist sich das Schmuckstück auch mit der breiten zweistöckigen Vorhalle und dem hohen fast schon feierlichen Innenraum mit den unregelmäßigen Maßen zwischen Säulen und Pfeilern geschmückt mit berühmten Fresken, den Intarsienarbeiten, den Marmorschranken und eben den Kosmatenarbeiten. Sie gilt als einer der schönsten kleineren Kirchen ROMs. In der Vorhalle links an der Wand beeindruckt die Steinmaske des Mundes der Wahrheit (**Bocca della Verità**), von der der römische Volksmund erzählt, Meineidige würden beim Hineinhalten der rechten Hand diese verlieren bzw. nicht mehr herausziehen können. Die Marmorfratze mit dem tränenden linken Auge und dem von Touristen glatt geputzten Mund war wohl mal ein antiker Kanaldeckel, der dem Flussgott Triton geweiht, wohl das Oberflächenwasser in die benachbarte Cloaca Maxima leitete! Ob Gregory Peck und Audrey Hepburn dies bei ihrem Filmflirt in „Ein Herz und eine Krone" auch schon wussten??

Foro Boario

Hier auf dem antiken Viehmarkt (Forum Boarium) direkt am Tiber, den wohl schon vor der Stadtgründung griechische und einheimische Händler im 8. Jahrhundert v. Chr. besuchten, erstaunen uns neben dem **Tritonenbrunnen** von Carlo Bizzaccheri - nicht verwechseln mit dem gleichnamigen Brunnen von Gian Lorenzo Bernini auf der Piazza Barberini - zwei wunderschöne Tempel. Der **Tempel des Hercules Victor,** also dem siegreichen Herkules geweiht, ist der älteste in ROM erhaltene Marmortempel, denn sowohl die Säulen als auch die Wände sind immer noch aus dem ursprünglichen pentelischen Marmor. 19 Säulen (die 20. wurde wohl woanders gebraucht - na, Sie wissen schon „römisches Recycling" - und fehlt an der Rückseite) umstehen den kreisrunden Kultraum (Cella) bei einem Gesamtdurchmesser von 14,8 m. Dieser Tempel, oft auch wegen seiner Ähnlichkeit mit den Resten auf dem Forum Vestatempel genannt, verdankt seinen Erhalt der Umwandlung in eine dem hl. Stephanus geweihte Kirche in 1132; seit dem 17. Jahrhundert eine Marienkirche, Santa Maria del sole.

Die Legende erzählt, dass bei der Öffnung eines Schreins am Tiberufer ein Madonnenbild gefunden wurde und ein Sonnenstrahl dieses direkt erleuchtete. Fast nebenan am ehemaligen Stadthafen, Portus Tiberinus, wo die Waren vom Seehafen Ostia bis zum Zentrum verschifft wurden, liegt der sogenannte **Tempel des Portunus**, also ein dem Hafengott Portunus geweihter Tempel. Warum dieser seit der Renaissance Tempel der Fortuna Virilis genannt wurde, weiß so recht keiner. Er gilt als einziger Tempel ROMs aus republikanischer Zeit und verdankt auch hier seine Erhaltung der Weihung in eine Marienkirche unter Papst Johannes VIII., der sich auch durch die Kaiserkrönung Karls des Kahlen einen Namen gemacht hat. Der Tempel ist in der griechischen Tempelform „Pseudoperipteros" gebaut, d. h. die Säulen an den Seitenwänden sind gar nicht frei ausgeprägt, sondern sind in die Seitenwand integriert. Der Tempel stammt aus dem 1. Jahrhundert v. Chr. und öffnet sich mit einer von vier ionischen Säulen gestützten Vorhalle. Ihn schmückten diverse Verkleidungen aus Travertin, die aber unter Clemens IX. im Zuge von „Umbauarbeiten" in der Kirche Santa Maria in Cosmedin ihre Wiederverwendung fanden. Na, Sie wissen schon ...

Die Kirche wurde 1916 aufgegeben, um den Tempel wieder in seiner antiken Form herzustellen. Leider benutzte man dazu - wie man an der Südseite deutlich sieht - auch Beton und Ziegelsteine. Eine nicht ganz so gelungene „Wiederherstellung"! Der **Janusbogen *(Arco di Giano*)** steht an der nordöstlichen Grenze des Forums und ist der einzige Triumphbogen ROMs auf „vier Füßen" im Lateinischen Quadrifrons oder griechisch Tetrapylon genannt.

Ob der im 4. Jahrhundert erbaute Bogen tatsächlich einem Triumph gewidmet wurde oder vielleicht nur ein Unterstand für die Markthändler war, ist umstritten. Gott Janus wohl eher nicht. Sicherlich hat er einen Bezug zum nahegelegenen Hafen. Sei wie es sei mit 16 m Höhe und 12 m Breite ist er schon ein imposantes Bauwerk. Wie wir ja an vielen anderen römischen Monumenten gelernt haben, stammt auch dieser Bogen aus „Spolia", d.h. aus Materialien, die anderen Gebäuden „entstammten", einschließlich der damaligen kompletten Marmorbedeckung. Die Weiheinschrift aus dem 4. Jahrhundert braucht Formulierungen, in denen von einem Kaiser die Rede ist, der einen Tyrannen besiegte. Man geht davon aus, dass von Kaiser Konstantin (Nr. 1 oder Nr. 2) die Rede ist. Beim Bogen erkennt man hinter einem (modernen) Gitter ein Stück der **Cloaca Maxima**, die hier unter dem Bogen zum Tiber führt. Gleich um die Ecke am Ende der heute verbauten Straße, dem Vicus Jugarius, steht der **Bogen der Geldwechsler und Bankiere** (***Arco d'Argentarii***), der mit einem Fuß in der Seitenwand der **Kirche San Giorgio in Velabro** verbaut ist.

Hier am Ende der oben erwähnten Talsenke zwischen Palatin und Kapitol ließen die Bankiere, Geldwechsler und Viehhändler diesen Bogen zu Ehren Kaiser Septimus Severus erbauen und 204 n. Chr. einweihen. Wohl weil er durch ein entsprechendes Gesetz ihnen besondere Freiheiten einräumte. Nach dem Motto „Eine Hand wäscht die andere". So steht auf der Inschrift: „Argentarii et negotiantes boarii huius loci" und bezeugt ihre private Stiftung. Eigentlich sollte der Dank an alle kaiserlichen Familienmitglieder gehen, aber Caracalla ließ nach der bestellten Ermordung von Geta und des Prätorianerpräfekten Plautinus ihre Namen vom Denkmal ausradieren. An der rechten Innenseite erkennt man noch das Relief des opfernden Septimus Severus, seiner Gattin Julia Donna und des jetzt fehlenden Sohnes Geta. Auf der anderen Seite der opfernde Caracalla mit der jetzt abgeschlagenen Plautilla. Überall findet man reiche Pflanzenornamente, Bilder von Stieropfern und Opfergeräten. Die Kirche San Giorgio in Velabro stammt wohl ursprünglich aus dem 7. Jahrhundert und wurde bei der Renovierung im letzten Jahrhundert wieder in ein mittelalterliches Kleid gebracht. Ein sehr schlichter Bau und eine Erholung bei allen so barocken Gegensätzen. Velabro weist auf das ehemalige Sumpfgebiet „velabrum" hin, welches ehemals diesen Ort prägte und wo der Sage nach der Hirte Faustulus die ausgesetzten Zwillinge Romulus und Remus auffand.

Isola Tiberina

Die Tiberinsel verbindet das Zentrum ROMs mit Trastevere, dem Viertel jenseits des Tibers. Viele Legenden und Sagen prägen diesen ungewöhnlichen Ort. Die eine erzählt, die Insel soll durch die Korngarben entstanden sind, die das römische Volk in den Tiber warf, als es den König Tarquinius Superbus 509 v. Chr. vertrieb. Eine andere erzählt über ein vollbeladenes Lastschiff, dass hier untergegangen sei. Ein Tuffgestein bildet den Grundstock der Insel, die im Laufe der Jahre sich durch die Anschwemmungen des Flusses weiterentwickelte und immer noch wie ein langgezogenes Schiff aussieht und auch so gezielt befestigt wurde. Sie bot durch ihre Lage eine passende Gelegenheit, Brücken über den Tiber zu errichten. So errichtete Konsul Fabricius 62 v. Chr. an der Ostseite zum Ghetto hin die Ponte Fabricio, die bis heute die älteste erhaltene Brücke ist. Auf der Trastevere-Seite liegt die **Ponte Cestio**, die Lucius Cestius 46 v. Chr. bauen ließ und durch die Tiberregulierungen zuletzt 1889 verbreitert wurde. Der Hit aber ist die schon 179 v. Chr. errichtete **Ponte Aemilio**, die bis 1598 ihren Dienst verrichtete. Leider ist durch die vielen Zerstörungen nur noch ein Bogenrest über, so dass sie nur noch als „Ponte Rotto“ bekannt ist. Durch die vielen Marmorverkleidungen, die Gregor XIII. anbringen ließ, soll sie wunderschön anzusehen gewesen sein.

Eine weitere Sage erklärt den medizinischen Standortfaktor. Im Jahre 291 v. Chr. als eine schreckliche Pestepidemie auch nicht durch die heimischen Götter zu bändigen war, schickte der Senat eine Gesandtschaft nach Epidauros auf den griechischen Peloponnes, dem Heiligtum des Gottes der Heilkunst Asklepios. Das römische Kriegsschiff, eine Trireme, kehrte mit einer heiligen Schlange an Bord zurück. In Höhe der Tiberinsel verschwand die Schlange im Wasser und schwamm zur Insel. Für die Römer war das ein göttliches Zeichen, hier dem Gott der Heilkunst einen Tempel zu errichten und so geschah es. Im Jahre 289 v. Chr. wurde der Tempel geweiht. Er begründete eine Art Tradition als Heilort für Kranke, der auch heute noch im Krankenhaus Fatebenefratelli weiterlebt. Der Tempel war eine Art Vorläufer für Sanatorien. Die Patienten begaben sich zum Schlaf in den Tempel und hofften darauf, dass ihnen im Traum ein Arzt mit tröstenden Worten und medizinischen Therapievorschlägen erscheinen möge. Neben der erstmals im 11. Jahrhundert erwähnten **Kirche San Giovanni Calibita**, die 1640 bzw. 1711 ihr heutiges Erscheinungsbild erhielt und als Krankenhauskapelle des 1584 gegründeten Hospitals dient, zeigt sich sozusagen auf der anderen Straßenseite die **Kirche San Bartolomeo all`Isola.** Ihr barocker Stil, der auf Restaurierungen nach dem verheerenden

Tiberhochwasser 1624 zurückgeht, vertuscht, dass es sich um eine frühmittelalterliche Kirche aus dem Jahre 1000 handelt, die auf den Ruinen des oben erwähnten Äskulap-Tempels errichtet wurde. Auch dazu gibt es unzählige Geschichten rund um Otto III., der vom Glauben beseelt war, ROM wieder zu alter Stärke und Macht zurückzuführen. Aber das ist eine neue Geschichte ...

Cloaca Maxima

Der größte und sicherlich älteste Abwasserkanal ROMs entstand wohl schon 600 v. Chr. unter dem 5. König Tarquinius Priscus und sollte die sumpfige Senke zwischen Kapitol und Palatin, dem späteren Forum Romanum trockenlegen und das Wasser in den Tiber leiten. Ein doch sehr imposantes Bauwerk mit zum Teil 3 m Breite und 4 m Höhe. Der Name stammt vom lateinischen Verb „cluere“ (reinigen) und findet sich auch heute noch in der Bezeichnung Kloake für einen Abwasserkanal, aber auch in der Anatomie für das Entsorgungssystem des Körpers wieder. Was als offener Kanal begann, wurde später immer weiter zugedeckt und beförderte neben dem Abwasser auch immer mehr „Toilettenreste“. Der von Tarquinius Suberbus (König Nr. 7) vollendete Kanal mündete (und tut das noch heute) an der Ponte Rotto wie ein Wasserfall in den Tiber.

Ob König Tarquinius Priscinus wohl schon ahnte, dass sein Bauwerk später ein Vorbild für alle Abwasserkanäle wurde und so ein erträgliches Leben in den Städten überhaupt ermöglichte? Begünstigt durch den unendlichen Wasserbedarf ROMs und durch die vielen Thermen war immer genügend Wasser in der Cloaca, so dass sie Abfälle und einiges anderes (es sollen auch Leichen dabei gewesen sein) mit gutem Gefälle Richtung Tiber trieb. Die Römer legten noch einen drauf und schlossen das über die Aquädukte fließende Wasser der Brunnen auch an die Abwasserleitung an, so dass diese ständig gespült und von Unrat befreit wurde. Erst durch sie war ein öffentliches Leben auf dem Forum Romanum und auf dem Forum Boarium überhaupt möglich. Neben den Aquädukten und den gepflasterten Steinen war die Cloaca Maxima Ausdruck der Größe und der Macht ROMs. Die Kombination aus Aquädukten und Abwasserkanal war Grundlage des Aufstiegs vieler römischer Städtegründungen und funktioniert (so ähnlich) auch heute noch in allen Städten der Welt. Noch heute läuft hier Wasser aus der Cloaca aber eher rinsalmäßig in den Tiber.

6.5 ROM V zentral – der hauptkirchliche Spaziergang von Termini zum Lateran

(Stazione Termini – Museo Nationale Romano – Santa Maria Maggiore – Laterano – Santa Croce in Gerusalemme)

Treffpunkt heute früh: ***Stazione Termini****. Ein langer Tag liegt vor uns. Diesen in den 60er Jahren sensationell modernen Kopfbahnhof erreichen wir mit dem 64er, der Metropolitana und allen anderen zur Verfügung stehenden Verkehrsmittel. Hier oben auf dem Esquilino stand schon seit 1874 ein Bahnhof, der besonders gleich nach dem 2. Weltkrieg eine umfassende Modernisierung erfuhr und zum Heiligen Jahr 2000 noch einmal durchsaniert wurde. Seitdem hat er auch wie in allen großen Städten ein unterirdisches Einkaufszentrum, das „Forum Termini". Zu diesem Bahnhof gibt es aus Reiseleitersicht unendlich viele schon fast tragisch komische Geschichten, z. B. von Bahnsteigwechseln im 5 Min. Takt, bei denen wohl auch die Bahnhofsleitung (Capo stazione) nicht genau wusste, wo der Zug einfährt (machen Sie das mal mit 200 Personen und dazugehörigen Koffern), aggressiv werbenden Gepäckträgern (facchini), die Sie immer gut im Auge behalten sollten und auch dreisten Diebstählen besonders bei älteren Menschen. Ich will Sie an dieser Stelle nicht verunsichern, aber „attenzione prego" e „stai attento".

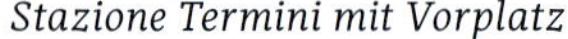

Stazione Termini mit Vorplatz

Shopping Mall „Forum Termini"

---

*Der Hauptstadtbahnhof Termini ist schon ein repräsentativer Ankunftspunkt für auswärtige Gäste. Wenn man bedenkt, dass hier schon seit 1874 Züge ankommen, ist das ja auch schon fast antik!**

Wir gehen herüber zu den ***Diokletiansthermen*** (Terme di Diocleziano), nach denen der 1. Bahnhof auch benannt war. Vorbei an der Statue des jetzt der Stazione den Namen gebenden Johannes Paul II. (Statua di San Giovanni Paolo II.) schauen wir auf den wunderschönen Platz und ***Najadenbrunnen* (Fontana delle Naiadi)*** der ***Piazza della Repubblica*** und dann auf die in den Ruinen der Diokletiansthermen entstandene Kirche ***Santa Maria degli Angeli e dei Martiri****. Erwähnens- und sehr besichtigungspflichtig ist hier u. a. der im Fußboden befindliche ***„Meridian“***, eine knapp 45 Meter lange Bronzelinie, die es ermöglichte, die Tag- und Nachtgleiche im Frühling abzulesen und so manchen Mathematiker und Astronom ob ihrer ungeheuren Präzision erfreute, ein sogenanntes Gnomon. Kein Geringerer als Michelangelo kümmerte sich ab 1563 um den Bau dieser Kirche direkt hinein in die vorhandenen riesigen Thermenreste.

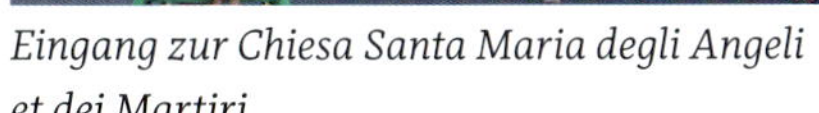
Eingang zur Chiesa Santa Maria degli Angeli et dei Martiri

mit dem Meridian im Innenraum

Den Abschluss seines Werkes erlebte er nicht mehr,
aber die Kirche ist ein wunderschönes Gesamtwerk der Renaissance
Michelangelo Buonarottis aus der Mitte des 16. Jahrhunderts.*

Am Largo di Villa Peretti suchen wir den Eingang zum ***Museo Nazionale Romano****, das hier im ***Palazzo Massimo*** auf dem Gelände der Diokletiansthermen untergebracht ist. Die vier ***Teilmuseen*** kosten neben den 12 Euro viel, sehr viel Zeit, so dass dieser Stadtspaziergang hier eigentlich schon beendet sein könnte. Für den, der hier in ROM viele Tage verbringen darf, ein Muss.

Piazza della Repubblica mit Najadenbrunnen

Die Diokletiansthermen

*Das Museo Nazionale Romano ist mehr als irgendein Museum. Es ist ein riesiger Komplex u. a. in den ehemaligen Diokletiansthermen, die mal für unglaubliche 3000 Badegäste ausgelegt waren.**

Wir gehen aber schnurstracks von der Piazza della Repubblica über die Via Nazionale und Via Torino zum Höhepunkt des Esquilin-Hügels, der Kirche ***Santa Maria Maggiore**** (Basilica Papale di Santa Maria Maggiore), einer der 4 Hauptkirchen ROMs. Diese Patriarchalbasilika ist reich an Kunst von unschätzbarem Wert und ist seit 16 Jahrhunderten ein wahrer Anziehungspunkt für Kunstkenner und Marienverehrer. Schon von weitem erkennt man vor der Treppe der Basilika den ***ägyptischen Obelisken*** (Obelisco Esquilino), den höchsten Kirchturm ROMs und die wundervolle Mosaikfassade. Wir sind wie die meisten Besucher von der Schönheit, der Kunst und der Spiritualität, die hier wie eine Einheit wirkt, begeistert und können von diesem Bauwerk gar nicht lassen! Und wenn wir dann auch noch erfahren, dass „unser" Bernini hier seine letzte Ruhestätte gefunden hat – in einem im Gegensatz zu seinen genialen Bauwerken eher bescheidenem Grab – ist der Bezug zu diesem Ort noch tiefer und sentimentaler.

Santa Maria Maggiore auf dem Esquilin

Der reiche Innenraum am Papstaltar

Die Legende erzählt, dass dem römischen Patrizier Johannes und seiner Frau in der Nacht auf den 5. August 358 die Gottesmutter erschien und ihnen versprach, ihren Kindeswunsch zu erfüllen, wenn ihr zu Ehren eine Kirche an der Stelle errichtet würde, an der am nächsten Tag Schnee läge. Das Ehepaar begab sich daraufhin zu Papst Liberius, der über den gleichen Traum berichtete. Am Morgen des 5. August sei dann der Esquilinhügel mit einer Schneeschicht bedeckt worden. Auch heute führt die Kirche den Beinamen „Unsere liebe Frau vom Schnee" (Santa Maria ad Nives).

Die größte Marienkirche der Welt ist ein wunderschöner Ort,
der ursprünglich aus dem 5. Jahrhundert stammt.
*An Mosaiken, Decken- und Wandgemälden kann man sich nicht satt sehen.**

Mehr als ungern verlassen wir diesen Ort und schauen mal kurz um den Block in die ***Basilica di Santa Prassede****, die uns mal wieder schnell für unseren Aufbruch entschädigt. Möglichweise hätten wir den Weg hierhin gar nicht gesucht. Aber ein echter Romkenner gab mir mal diesen Tipp und bemerkte, dass ich dieses Kleinod niemals auslassen sollte und ich gebe diesen Hinweis mehr als gern weiter. Es erwartet uns wie prophezeit eine wunderschöne eher noch spätantike Kirche mit herrlichen Mosaiken in der Apsis und im Triumphbogen. In der Kirche und seiner Krypta sollen die Gebeine von über 2000 Märtyrern liegen, die aus den Katakomben nach hierhin überführt wurden. Auch ein Teil der Geißelungssäule von Jesus Christus, die im 13. Jahrhundert nach ROM kam, wird in der ***Zeno-Kapelle*** verehrt.

Blick in die Kirche Santa Prassede auf dem Weg zum Lateran mit Obelisken auf dem Vorplatz

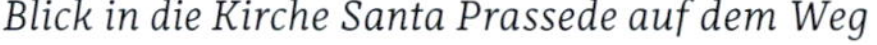

*Im Schatten der mächtigen Santa Maggiore liegt ein eher unbekanntes Schmuckstück, das seine Ursprünge in der frühchristlichen Zeit hat, was Bau und Gestaltung immer noch widerspiegeln.**

Über die Via di Santa Prassede und die Via di San Martino ai Monti gelangen wir zur Via Merulana, einer der Hauptachsen der Stadt und gehen südwärts zielstrebig auf die ***Lateranbasilika* (Basilica di San Giovanni in Laterano)*** zu. Uns empfängt am Vorplatz der gewaltige 32 m hohe ***ägyptische Obelisk***, der uns schon allein eine Geschichtsstunde in ägyptischer und römischer Kultur halten könnte. Eigentlich war er für einen Pharao im 15. Jahrhundert v. Chr. (!) geschaffen und später von Kaiser Konstantin bzw. seinem Sohn auf Umwegen über Alexandria nach ROM gebracht worden. Unfassbar, dass dieser 500 Tonnen schwere Stein über das Meer in einem von 300 Ruderern angetriebenen Schiff transportiert wurde. Vor uns liegt jetzt die Mutter und das Haupt aller Kirchen! Nein, nein, nicht der Petersdom, sondern die Lateranbasilika ist die eigentliche Bischofskirche ROMs. Hier im Lateranpalast (Palazzo di Laterano) befand sich auch seit der Zeit Kaiser Konstantins bis zum ***Exil der Päpste**** in Avignon, also bis zum Anfang des 14. Jahrhunderts, der Sitz der Päpste. Fünf ***Konzile*** fanden hier statt u. a. das letzte kurz vor der Reformation im Jahre 1517. Leider hatten wohl damals die meisten Anwesenden die Zeichen der Zeit nicht erkannt – auch Papst Leo X. war wohl kein Reformer – und so nahm die Geschichte ihren Lauf. Das ***Reformkonzil*** von 1545 kam so zu spät! Wer zu spät kommt …

Lateran Basilika und Palast

Blick bis zum Papstaltar

Dieser Ort war sowieso wohl eher nicht vom Glück verfolgt – bis in die heutige Zeit. Plünderungen durch die Germanen und anderen vagabundierenden Horden, heftige Erdbeben, schneller Verfall und natürlich die unfassbare Geschichte der sogenannten ***„Leichensynode"***, in der Papst Stephan VI. die Leiche seines Vorgängers Formosus exhumieren, in Papstkleider stecken und in einem Schauprozess verurteilen ließ. Was die Kirche sich damals so leistete, einfach unglaublich (incredibile), aber nur ein kleiner Teil der Machtspiele rund um Kirche und Staatsgewalt.

Die Jetztzeit wartet an dieser Stelle sogar mit einem Mafia-Autobomben-Attentat auf. Nachdem ***Johannes Paul II.*** die Vergehen der organisierten Kriminalität brandmarkte, musste der Eingang zum Querschiff mit schweren Beschädigungen aus Mafiasicht dafür bezahlen. Wir betreten durch das Hauptportal den Innenraum der Basilika und lassen den Eindruck des 130 Meter langen Gotteshauses auf uns wirken. Irgendwie erscheint uns der Bau etwas schlichter und kühler als andere Gotteshäuser. Auch die vergoldete Decke und die vielen Fresken in Fußboden und Kathedra verhindern diesen Eindruck nicht. Vielleicht liegt es an den vielen baulichen Veränderungen und Renovierungen, die der Lateran bis hin zum späten 19. Jahrhundert über sich ergehen lassen musste. Immerhin taucht hier wieder Borromini auf, der dieser Kirche einen barocken Flair gab und u. a. den Mosaikfußboden restaurierte und neu gestaltete. So auch die optischen Täuschungen in den Seitenschiffen. Einen (langen) Blick in den ***Kreuzgang*** (chiostro) zu werfen ist geradezu ein Muss!

*Die Lateranbasilika ist die (ehemalige) Hauptkirche der Stadt und des Erdkreises und seit der Zeit Konstantins die Bischofskirche ROMs bis die Päpste ja eher unfreiwillig nach Avignon umzogen.**

Der Kreuzgang und die herrlichen Säulen

Scala Santa

Gemeinsam mit dem Lateranpalast und dem Baptisterium umgibt er die Basilika wie eine Klammer. Dieser Kreuzgang, sicherlich einer der schönsten ROMs, besticht durch seine reich geschmückten Säulen und mit viel Beiwerk. Keine Säule gleicht der anderen. Den Hof ziert ein Brunnen aus dem 9.Jahrhundert. Die Wände zeigen noch Reste aus der alten Basilika bevor ihr Borromini das neue Gesicht gab. Das ***Baptisterium*** (baptisterio) ist der Urtyp aller Taufkapellen und wurde noch unter Kaiser Konstantin errichtet. Die Bronzetür kann man bis zum 5. Jahrhundert zurückverfolgen. Überqueren wir den Platz zur ***Scala Santa****.

Der Überlieferung nach war es die hl. Helena, die im 4. Jahrhundert die Marmorstufen aus dem Palast des Pilatus nach ROM bringen ließ. Heute sind sie zum Schutz mit Holz bedeckt und der fromme Pilger geht auf Knien hinauf, um so an das Leiden Christi in Jerusalem zu erinnern. Im gleichen Gebäude befindet sich die ***päpstliche Privatkapelle*** (Capella Sancta Sanctorium) mit Mosaiken aus dem 13. Jahrhundert.

Es ist schon ein bizarres Bild, wenn die Pilger sich auf Knien die 28 Treppenstufen hoch bewegen, um hier das Leiden Christi zu ehren. Am Ende wartet die ehemalige päpstliche Privatkapelle.*

Ein Blick zurück auf den Platz ist für mich immer ein Anlass zum Schmunzeln. Nie werde ich die Szene aus Reiseleiterzeiten vergessen als wir mit unserem Bus auf dem Platz standen und unser (schwarz berockter) Romführer aus dem Team der Anima, der Deutschen Nationalkirche, sich ein Rededuell mit bettelnden Zigeunern lieferte. Diese hatten beschlossen, in Hoffnung auf einen hochwertigen „Almosen" unseren Bus zu stürmen und jeden Passagier einzeln aggressiv anzubetteln. Gemeinsam versuchten wir mit sanften Worten und Bewegungen diesen den Weg zur Ausgangstür zu erklären. Aber sie ließen sich nicht annähernd darauf ein. Im Gegenteil. Sie wurden immer hartnäckiger, schlugen einen deutlich härteren Ton an und fingen an uns zu beleidigen. Da war auch für unseren Romkenner der Ofen aus. Ein Gewitter von Flüchen und Beleidigungen wechselte den Besitzer. In dieser Phase der „Unterhaltung" musste ich allerdings passen, obwohl es mir recht viel Spaß machte und ich auch glaubte, der italienischen Sprache eigentlich ganz gut mächtig zu sein. Mein ansonsten gar nicht so armes Vokabular an Schimpfworten reichte bei weitem nicht. Unser Romführer war aber absolut in seinem Element und schaffte mit der dazu passenden Gestik und Mimik unter dem Beifall der Reisegäste die ungebetenen Gäste heraus. Ob diese wohl auch geklatscht hätten, wenn sie ein paar Brocken verstanden hätten?? Auf jeden Fall zeigte er dann noch unseren an seinen Lippen hängenden Buspassagieren, wir die doch so armen und hungernden Unterprivilegierten in eine Stretch-Limousine stiegen und es sich dort bequem machten. Sicherlich gibt es viele, die eine finanzielle Unterstützung dringend notwendig haben, aber hier war es einfach die passende Krönung einer Geschichte aus dem Drehbuch des Lebens.

Noch Lust auf einen schönen Abschluss unseres langen Spazierganges, sozusagen ein „supplemento"? Klar (chiaro)?

Na dann geht's ostwärts über die Via Carlo Felice zur Kirche ***Santa Croce in Gerusalemme,*** einer der sieben klassischen Pilgerkirchen ROMs. Sie geht zurück auf die Zeit Kaiser Konstantins als Mama Helena die aus dem Heiligen Land nach ROM gebrachten Reliquien der Passion Christi irgendwo unterbringen musste, so z. B. Teile des Kreuzes und der Dornenkrone. Helena hatte wohl einen Saal ihres Palastes in eine Kirche umbauen lassen.

Chiesa Santa Croce in Jerusalemme

mit viel Renaissance und Barock

*Barock meets Rokoko! Eine außergewöhnliche Mischung prägt die Fassade dieser Kirche und macht sie zu einer interessanten aber auch überraschenden Lagerstätte kostbarster Reliquien.**

Geschafft! Was für ein Tag! An der Piazza di Porta Maggiore an der Aurelianischen Stadtmauer, die von Kaiser Aurelian 270 begonnen wurde und der zu eng gewordenen Servianischen Mauer folgte, beginnen wir unsere Heimfahrt durch das abendliche ROM oder lassen uns erstmal in einem der vielen Restaurants in der Umgebung nieder.

Heute ist einfach mal Fischtag (giornata di pesca). Gleich um die Ecke in der Osteria gibt es wunderbaren Fisch. Einen schönen ***Pesce in Crosta di Sale***? Eine ***Orata*** (Goldbrasse auch Dorade genannt) in einer Salzkruste! Oder vielleicht die beliebte Languste serviert auf Zucchinis und Zitrusfrüchten (***Carpaccio di Aragosta con zucchine e agrumi***) – gerne auch auf Katalanische Art mit Tomaten, Zwiebeln und Zitrone (***Aragosta alla Catalana***)? Dazu ein frischer Weißwein aus der Region, vielleicht ein ***Frascati*** aus den Castelli Romani, der hier „zu Hause" viel besser schmeckt als nach Hause transportiert. Das mag er nicht, was viele Gäste als Betrug ansahen, wenn sie die 1. Flasche auf dem Heimweg im Zug köpften und seine Säure erfuhren. Also entweder hier oder erst nach guter Ruhephase zu Hause! Da muss man mal warten können. Einen echt Römischen Wein erkennt man immer an der Kennzeichnung DOC (***Denominazione di origine controllata***). Buon successo!

ROM – *Anmerkungen 5. Spaziergang*

Stazione Termini

Der Hauptbahnhof ROMs, Statione Termini, ist ein Kopfbahnhof benannt nach den benachbarten Termen. Die Botte di Termini war eine antike Zisterne und Teil der Diokletiansthermen. Schon 1874 wurde auf dem Esquilin-Hügel ein repräsentativer Bahnhof eingeweiht, den Salvatore Bianchi errichtete. 1938 wurde ein komplett neuer Bahnhof begonnen, der allerdings durch die Kriegswirren nie beendet wurde. Erst 1948 begann man einen (modernen) Neubau des Empfangsgebäudes, das dem Bahnhof sein charakteristisches Gesicht schenkte, gebaut mit viel Stahl und Beton im damaligen Stil der Moderne. Das Heilige Jahr 2000 bescherte dem Bahnhof viele Umbauten, Erweiterungen und Verschönerungen.

Metropolitana di Roma

So heißt die Römische U-Bahn (Schild: weißes M auf rotem Grund) und wird wie das andere öffentliche System von der städt. Gesellschaft ATAC (Azienda Tranvie ed Autobus del commune di ROMA) betrieben. Es gibt allerdings nur 3 Linien (A, B, C) mit doch ansehnlichen 59 Tunnelbahnhöfen und weiteren 15 Stationen. Sehr beliebt ist die Linie A, denn schließlich erreicht man an der Haltestelle „Barberini" die Fontana di Trevi und an der Station „Spagna" die Spanische Treppe. Außerdem ist der Bahnhof „Ottoviano San Pietro" nicht ganz so weit weg vom Petersdom (Basilica di San Pietro). Allerdings schon ein sehenswerter Fußweg …

Mit der Linie B erreicht man das Kolosseum (Colosseo). Allerdings kann man bisher nur am Hauptbahnhof (Stazione Termini) „Termini" von B nach A wechseln, am Lateran (San Giovanni in Laterano) „Giovanni" hat man Umsteigemöglichkeiten von A nach C. Der Ticketverkauf ist für römische Verhältnisse echt easy (facile) und geht sogar online in Deutschland.

Fontana delle Naiadi

Der Najadenbrunnen auf der Piazza della Repubblica, bei den Römern immer noch gern Piazza dell'Esedra genannt, ist für römische Verhältnisse mit knapp 120 Jahren noch sehr jung. Erst 1901 wurde er eingeweiht. Der Brunnen bringt uns der Wasserwelt näher. Die Najaden, also die Wassernymphen, spielen mit Meerestieren, die jeweils Wasserarten dokumentieren. Der Schwan steht für die Seen, die Wasserschlange für die Flüsse, der Drache für das unterirdische Wasserreich und der Hippokamp für die Ozeane (Hippokamp halb Pferd halb Fisch ist der Prototyp des Seepferdchens, im lat. Hippocampus). In der Mitte residiert der Meeresgott Glaukos.

Santa Maria degli Angeli e dei Martiri

Wie so oft gerade im kirchlichen Mittelalter steht eine Geschichte am Anfang einer Entstehung. So soll die Vision eines sizilianischen Priesters, der Engel in den ehemaligen Diokletiansthermen sichtete, Papst Pius IV. zum Bau der Kirche mitten in der antiken Bäderlandschaft angeregt haben. Er gab den Auftrag an Michelangelo Buonarroti, der auch die Gesamtplanung übernahm. Leider verstarb der hochgeschätzte Künstler im Februar 1564, aber prägte noch eindrucksvoll dieses Kunstwerk der Renaissance. Santa Maria degli Angeli war bis 1946 offizielle Staatskirche Italiens und Ort vieler Staatsbeerdigungen. Bekannt ist diese Kirche aber besonders wegen des Meridians, einer besonderen Form einer Sonnenuhr. Anfang des 18. Jahrhunderts beauftragte Papst Clemens XI. den bekannten Astronomen und Mathematiker Francesco Bianchini innerhalb der Basilika eine Meridianlinie zu errichten. 1702 wurde diese fertiggestellt. Unter anderem wollte der Papst damit die Genauigkeit des gregorianischen Kalenders überprüfen und so insbesondere das Hochfest der Kirche Ostern genau vorherzusagen. Gleichzeitig wollte er damit beweisen, dass er dem heidnischen Kalender überlegen ist. Bianchinis Sonnenuhr wurde entlang des Meridians gebaut, der ROM durchquert. Am Sonnenmittag scheint die Sonne durch ein kleines Loch in der Wand, um jeden Tag ihr Licht auf diese Linie zu werfen. Bei der Sommersonnenwende erscheint die Sonne am höchsten und ihr Strahl trifft die Meridianlinie an der Stelle, die der Wand am nächsten liegt. Bei der Wintersonnenwende überquert der Strahl die Linie an der Stelle, die am weitesten von der Wand entfernt ist.

Die Meridian-Sonnenuhr

Bei jeder Tagundnachtgleichheit berührt die Sonne die Grenze zwischen diesen beiden Extremen. Je länger die Meridianlinie, desto genauer kann der Betrachter die Länge des Jahres berechnen. Diese bronzene Meridianlinie ist deshalb 45 Meter lang und von gelb-weißem Marmor umgeben.

Museo Nazionale Romano

Das 1889 gegründete Römische Nationalmuseum besteht eigentlich aus vier eigenständigen Gebäudekomplexen, dem Palazzo Massimo alle Terme, dem Palazzo Altemps, der Crypta Balbi und den Diokletiansthermen mit der Aula Ottagona.

Der Palazzo Massimo alle Terme schräg gegenüber der Stazione Termini ist ein Ende des 18. Jahrhunderts im Stil des 16. Jahrhunderts erbauter Palazzo. Erst 1981 erwarb der italienische Staat das ehemalige Gebäude einer Jesuitenschule und ließ es museumsgerecht umbauen. Heute zeigt es Reliefs, Skulpturen und Portraits aus der römischen Republik und der frühen Kaiserzeit. Besonders erwähnenswert ist die umfassende Münzsammlung aus der Antike bis zur Neuzeit. Es soll sich um 500.000 Objekte handeln, die aber teilweise sicher verschlossen sind.

Der Palazzo Altemps in der Nähe der Piazza Navona beherbergt eine Unzahl klassischer Kunstwerke u. a. die bekannte Sammlung Ludovisi mit 104 Skulpturen. Der Name stammt eigentlich vom Kardinal Mark Sittich von Hohenems, dem 1585 dieser Bau errichtet wurde, und dokumentiert eine schöne Form der Italienisierung. So heißt er eben jetzt Marco Sittico Altemps!

Die Crypta Balbi ist ein Fundus archäologischer Ausgrabungen auf dem ehemaligen Marsfeld in der Nähe des heutigen Lago Argentina. Es spiegelt die Stadtentwicklung ROMs von der frühen Kaiserzeit bis in die Moderne wider und datiert wohl zurück bis 19 v. Chr. Sie war wohl Teil eines größeren Theaterkomplexes und diente den Theaterbesuchern dabei als Aufenthaltsraum.

Die Terme di Diocleziano waren eine der größten Thermen des antiken ROMs. Sie wurden unter der Herrschaft Dioclezians Ende des Jahrhunderts erbaut und boten Platz für 3.000 Gäste. Angeblich sollen 40.000 Sklaven daran gearbeitet haben. Durch die Zerstörung der antiken Wasserleitungen durch die Goten in der Mitte des 6. Jahrhunderts war die Nutzung als Therme beendet und diente wie so viele antike

Gebäude als Steinbruch. Neben der o. a. Kirche Santa Maria degli Angeli e dei Martiri und der im 16. Jahrhundert erbauten Kirche San Bernardo alle Terme beeindruckt die Aula Ottagona, das ehemalige Frigidarium, welches 1928 in ein Planetarium umgebaut wurde. Hier finden wir eine Reihe von Marmor- und Bronzeskulpturen, die uns einen Blick in die Gestaltung der ehemaligen Badelandschaft schenken. Sehenswert ist eigentlich alles – besonders beeindruckt aber Michelangelos Kreuzgang.

Santa Maria Maggiore

Der ***Obelisco Esquilino*** weist uns, wie schon früher den Pilgern, die aus dem Norden kamen, den Weg zur Patrialbasilika Nr. 4 der ewigen Stadt. Wie sein Bruder auf dem Platz vor dem Quirinal stand er einst vor dem Augustusmausoleum und wurde unter Sixtus V. 1587 hier aufgestellt. Auch wenn sein Aussehen doch an die vielen „entwendeten" ägyptischen Obelisken in ROM erinnert, ist es doch rein römisch ohne Hieroglyphen und wurde 31 v. Chr. für das Grabmal Augustus angefertigt. Also keine schlechte Kopie!! Es erwartetet uns dann nach 30 Stufen der Treppenkaskade die Königin unter den Marienkirchen, die größte („maggiore") und prachtvollste dazu. Ihre vielen Namen spiegeln Kirchen- und Glaubensgeschichte wider. Ihr ursprünglicher Name Basilica Liberiana weist auf die (archäologisch aber eher unwahrscheinliche) Gründung durch Papst Liberius in 322 hin; Santa Maria ad nives bezieht sich auf die Traumauslegung des Papstes, die wiederum auf die Traumgeschichte des Patriziers Johannes in der Schneenacht des 4. auf den 5. August 352 gründet; Santa Maria ad praesepe auf die seit Jahrhunderten verehrten Krippenreliquien unter dem Hochaltar.

Besonders das Motiv der Schneelegende begleitet uns im Innenraum in verschiedenen Mosaiken und Reliefs. Nachweisbar ist die eigentliche Gründung der Basilika durch Papst Coelestin I. 432 und die Einweihung durch Sixtus III. 440. nach den Beschlüssen der Synode von ROM 340 und dem kirchengeschichtlich wichtigen Konzil von Ephesos 431. Hier wurde im wahrsten Sinne des Wortes Geschichte geschrieben. Gegen den einflussreichen Patriachen von Konstantinopel Nestorius beschloss die große Mehrheit sowohl die Gottesmuttereigenschaft Mariens (Theothokos = Gottesgebärerin) als auch ihre durchgehende Jungfräulichkeit also vor und nach der Geburt. Außerdem wurde noch einmal der Kreuzestod Christi -Nestorius meinte dazu, dass es für einen Gott unwürdig wäre, an einem Kreuz zu sterben – bestätigt und die Bedeutung des Kreuzes für die Kirche in Nachfolge des damaligen signifikanten Monogramms XP für die Buchstaben des Christustitels Christus König „Chi und Rho" betont. Die vielen wunderbaren Mosaiken des Mittelschiffs und des Triumphbogens gehen auch auf Sixtus III. zurück. Die Basilika auf der höchsten Stelle des Esquilins passte in die Planungen der Päpste des 5. Jahrhunderts, ROM endlich ein anderes als ein heidnisches Aussehen zu geben. Weg von den Bauten des Forum Romanum hin zu Kirchen und christlichen Denkmälern. Der aufkommende Marienkult, der allerdings erst im Mittelalter seinen Höhepunkt erreichen sollte, zeigt sich u. a. auch in der Umwidmung der Kirche Santa Maria in Trastevere als Titulus Mariae und der Weihe des Pantheons als Santa Maria ad Martyres 607, was ja die Rettung dieses antiken Gebäudes vor römisch päpstlichem Steinraub war ...

Gregor XI. ließ nach der Rückkehr der Päpste aus dem Exil in Avignon 1377 den Kirchturm anbauen, dem letzten aber auch höchsten romanischen Campanile ROMs. Immer wieder wurde das Gebäude ergänzt, erweitert, umgebaut und umgestaltet. Berühmte Baumeister waren am Werk wie Domenico Fontana 1590, Flaminio Ponzio 1613, Carlo Rainaldi 1687 und Ferdinando Fuga, der ab 1741 im Auftrage Benedikt XIV. eine umfassende Restaurierung durchführte. Die eindrucksvolle von Carlo Maderno unter Papst Paul V. 1614 errichtete Mariensäule auf dem Vorplatz ist ein Vorbild für zahlreiche weitere Mariensäulen auch bei uns, so z. B. In München, Freising, Wien und Freiburg. Auf dem Sockel der 42 m hohen Säule erkennt man gleich den Sponsor des Denkmals, die Familie Borghese mit den Wappentieren Adler und Drache.

Schließlich war Pius V. niemand anderes als Camillo Borghese aus dem gleichnamigen Clan, der als Baupapst in die Geschichte einging und u. a. den Petersdom vollendete. Ob die Gründung der kircheneigenen Bank des Heiligen Geistes (Banco del Santo Spirito) 1605 eine weise Tat war, können wir nach den Ermittlungen der letzten Jahrzehnte in den vatikanischen Finanzskandalen eindeutig verneinen. Es ist so unwahrscheinlich schwer zu beschreiben, was mich und uns im Innenraum besonders beeindruckt. Es ist insgesamt ein wunderbares Ensemble aus Kunst und Mythos. Vielleicht, weil gleich beim Eintritt so überwältigend, die wunderschöne goldene Decke Guiliano de Sangallos aus dem 15. Jahrhundert, die Papst Alexander VI. gestalten ließ, die unglaublich schönen Mosaiken an den Seitenwänden und in der Apsis aus dem 5. Jahrhundert (!) oder die Reste der Krippe Jesu unter dem Hochaltar in der kleinen Betkapelle „confessio“. Dann noch ganz bestimmt die Sixtinische Kapelle Sixtus V. (nicht zu verwechseln mit der im Petersdom von Sixtus VI.), die so kunstvoll gestaltet ist mit ihren herrlichen Decken- und Wandgemälden und den mannshohen Engelsfiguren, die den Tabernakel tragen. Und dann finden wir endlich doch auch dort das Grab Gian Lorenzo Berninis (Joannes Laurentius Bernini), der uns in ROM so viele bedeutende Bauten, Skulpturen und Brunnen und ... geschenkt hat.

Die schlichte Grabplatte bezeugt den Glauben der Familie: Nobilis Familia Bernini resurrectionem expectat (Die adelige Familie Bernini erwartet hier die Auferstehung). Wie gesagt: Fast ungern verlassen wir dieses Bauwerk, das wir tief ins Herz geschlossen haben.

Santa Prassede

Der Ursprung der Basilica di Santa Prassede ist unklar und verliert sich in Legenden. Wie fast alle römischen Basiliken geht sie auf eine Hauskirche zurück. Es war Papst Paschalis I., der 817-824 den jetzigen Bau errichten ließ. Diese eher noch spätantike Kirche macht das frühchristliche Denken in Architektur und Ausschmückung unvergessen. Nach dem Eintritt durch ein Prothyron (Hoftür) mit antiken Säulen und ionischen Kapitellen gelangt man in einen Vorhof und steht dann erst vor der Fassade Paschalis I. Die Mosaiken im Innenraum sind überwältigend besonders in der Apsis und im Triumphbogen. Wir verstehen, wenn wir das flutende Licht auf den Mosaiksteinen glänzen sehen, warum Mosaiken zur Architektur und nicht zur Malerei zählen. In der Zentrale sieht man Christus, über den Gott seine Hand hält. Ihn umgeben neben Papst Paschalis I. Praxedis, Paulus, Petrus, Prudentia und Zenon. In den Bildern des Triumphbogens erkennen wir das himmlische Jerusalem. Unter dem Presbyterialraum wölbt sich die uralte Krypta, in der Paschalis I. die Überreste von 2300 Märtyrern aus den Katakomben bringen ließ. Vier schöne geriefelte Sarkophage stehen unter dem niedrigen Tonnengewölbe, auf jeder Seite zwei übereinander. In ihnen befinden sich u. a. die sterblichen Reste der hl. Prudentia und der Namensgeberin der Kirche, ihrer Schwester der hl. Praxedis. Beide hatten sich im 1. Jahrhundert besonders liebevoll um die Verehrung von Märtyrern und um die Ärmsten der Armen gekümmert. Ein weiteres glänzendes Erbstück von Pauschalis I. ist so schön, dass man es auch das Paradiesgärtlein (Hortus Paradisi) nennt. In der Kapelle des hl. Zeno (Capella di San Zenone), dessen Leichnam auch aus den Katakomben nach hierhin gebracht wurde, beeindrucken wiederum die goldenen Mosaiken. Christus umgeben von je sechs seiner Jünger, Maria darunter mit weiteren Heiligen und Propheten; in der Kuppel ein Medaillon, das von vier Engeln getragen wird – wieder mit Christus in der Mitte. In einem Nebenraum befindet sich ein Bruchstück der Geißelungssäule Jesu Christi, die Kardinal Giovanni Colonna (nomen est omen) 1223 in einer legendenreichen Reise nach ROM brachte.

San Giovanni in Laterano

Omnium urbis et orbis ecclesiarum mater et caput! Sie ist die Mutter aller Kirchen und die Bischofskirche ROMs. Bis 1309 Regierungssitz der Päpste bis zum Exil in Avignon. Kaiser Konstantin ließ sie zu Ehren des Christengottes unter Papst Silvester I. errichten, der ihm 312 zum Sieg über seinen Rivalen und Mitkaiser Maxentius verholfen hatte. Eine wechselvolle Geschichte folgte: Sergius III. ließ die nach einem furchtbaren Erdbeben verwüstete Kirche **904** wiederaufbauen und weihte sie Johannes dem Täufer. Die herrlichen Mosaiken, die **1300** noch Dante bewunderte, zerstörte der Brand von 1308. Dieser folgt eine weitere Feuersbrunst in **1360**. **1650** ließ Papst Innozenz I. Borromini freie Hand zu einer umfangreichen Umwandlung. **1734** gab Clemens XII. den Auftrag, die Hauptfassade in streng akademischem Barock zu errichten. **1885** erneuerte Leo XIII. die komplette Apsis und ließ Kopien der **1308** untergegangenen Fresken und Mosaiken anfertigen. Der Glockenturm stammt aus der Mitte des 16. Jahrhunderts. Auf diese uralte ehrwürdige Basilika wurde in der Nacht vom 27. auf den 28. Juli **1993** ein Attentat verübt. Kurz nach Mitternacht explodierte eine Autobombe zwischen Lateranpalast und der Loggia Sixtus V. Die herausgerissenen Eisengitter und Balustraden zerstörten die Kassettendecke und die gerade erst restaurierte Orgel. 350 qm Fensterfläche der Apsis, der Taufkapelle und des Lateranpalastes wurden zerstört. Am ärgsten war die Sala della conciliazione betroffen, in der **1929** die Lateranverträge zur Versöhnung zwischen Staat und Kirche getroffen wurden. Besonders die wunderschönen Freskodekorationen wurden stark beschädigt. Papst Johannes Paul II. und Staatspräsident Luigi Scalfaro kamen schon wenige Stunden später und werden mit den Worten zitiert *„é terribile e spaventoso“* (es ist schrecklich und furchterregend). Die Restaurationen dauerten über 2 Jahre. Die Laterankirche, jahrhundertelang Residenzkirche der Päpste und Veranstaltungsort von fünf Konzilen, wurde vielfach umgestaltet und umgebaut. Trotz aller Veränderungen blieb immer die ursprüngliche Bauform einer Basilika: Vorplatz, Vorhalle, fünfschiffiges Langhaus, Querschnitt mit Altar und Apsis, so wie es die konstantinische Erlöserkirche vorgab und auch im Mittelalter so respektiert wurde. Der Eindruck des Kircheninnern ist mehr als imposant. Die mächtigen Pfeiler des Hauptschiffes, die riesigen 4,6 m hohen Apostelfiguren in den Nischen, die großartige Holzdecke, die Grabmäler mehrerer Päpste u. a. unten in der Confessio das bronzene Grabmal Martin V., das prächtige Ziborium über dem Papstaltar (Altare papale) mit den Häuptern von Petrus und Paulus, die kostbaren Mosaiken und Fresken. All das ist prachtvoll, aber nicht übertrieben. Falls Zeit bleibt sollte man nicht den links durch das Seitenschiff erreichbaren Kreuzgang (Chiostro) der Künstlerfamilie Vassalletti verpassen. Wunderschön!

Exil der Päpste

Die Zeit von 1309 bis 1377 verbrachten die Päpste im Exil in Avignon, gerne auch als babylonische Gefangenschaft bezeichnet. Alles drehte sich zu Beginn um König Philipp den Schönen von Frankreich, der um Geld für seine Kriege gegen England bemüht, die Schätze der Kirchen entdeckte und dafür sorgte, dass ein Kardinal nach dem anderen aus Frankreich stammte. Insbesondere der Besitz des Templerordens hatte es ihm angetan und so ruinierte er durch erpresste Falschaussagen den Ruf des Ordens und beschlagnahmte das besonders durch Kreuzzüge stark angewachsene Templer-Vermögen und ließ die Mitglieder des Ordens verhaften und umbringen. So war es dann auch irgendwann kein Wunder mehr, dass Klemens V. als Franzose zum Papst gewählt wurde. Er wurde „gebeten“, seine Residenz nach Avignon zu verlagern. Weitere sechs Päpste folgten. Erst Gregor XI. gab dem Drängen der Hl. Katharina von Siena nach und kehrte nach ROM zurück. Aber damit nicht genug. Durch das abendländische Schisma gab es zwischendurch gleich 3 Päpste „gleichzeitig“. Erst das Konzil von Konstanz beendete diesen Zustand mit der Wahl von Kardinal Oddo di Colonna zum Papst Martin V.

Scala Santa

Es war die Heilige Helena, die Mutter Konstantins, die der Überlieferung nach im 4. Jahrhundert die Treppen, die Jesus im Palast des Pilatus vor seiner Ermordung hinaufging, nach ROM bringen ließ. Das Päpstliche Heiligtum der Heiligen Treppe (Pontificio Santuario della Scala Santa) beinhaltet am Ende der Treppe die Kirche des Heiligen Laurentius (Chiesa di San Lorenzo in Palatio ad Sancta Sanctorum) kurz Sancta Sanctorum, die ehemalige päpstliche Privatkapelle des ursprünglichen Lateranpalastes, in der viele wichtige Reliquien aufbewahrt werden.

Santa Croce in Gerusalemme

Eine der sieben Pilgerkirchen ROMs liegt unweit der Aurelianischen Mauer und ist wohl als ehemaliger Palastraum Helenas 330 in eine Kirche umgewandelt worden. Seinen Ruhm verdankt diese Kirche den unzähligen Reliquien insbesondere des Kreuzes Christi, die Helena im Heiligen Land auffindig gemacht hatte und nach ROM bringen ließ. Unter Lucius II. wurde die Kirche im 12. Jahrhundert umgebaut und dabei weitere Kreuzesreliquien entdeckt. Eindrucksvoll ist die Fassade, die aufgrund ihrer komplexen Formen von den Borrominijüngern Domenico Gregorini und Pietro Passalaqua im 18. Jahrhundert geschaffen, an Barock und Rokoko gleichzeitig erinnert. Die heilige Helena mit Kreuz in der Hand und Kaiser Konstantin begrüßen vom Dach die Ankömmlinge.

7. ROM – Was ich in ROM niemals auslassen würde....

(Dovrebbe mai omettere questi posti bellissimi e notevoli)

1. Die klare Nummer 1 *(sempre numéro uno)* Sao Paolo fuori le mura

Sankt Paul vor den Mauern (Sao Paulo fuori le mura), eine der vier Papstbasiliken ROMs und eine der sieben Pilgerkirchen, ist mein absoluter Favorit. Außerhalb der ***(Aurelianischen***) Mauern gelegen irgendwie zwischen Tiber und Via Ostiense im Viertel „Ostiense", nicht sehr weit von der ***Cestius Pyramide*** und dem Bahnhof Ostiense (Stazione ROMA Ostiense), dem Aushilfsbahnhof besonders für Sonderzüge. Bei mir ist dieser Bahnhof immer verbunden mit der einer fast schon typisch römischen Touristenepisode, die ich zum Ende dieser Nr. 1 zum Besten gebe!

Vorhof von Sankt Paul vor den Mauern

Der Innenraum mit Blick zum Papstaltar

Sankt Paul, diese wunderschöne Basilika über dem Grab des hl. Paulus errichtet, beeindruckt u. a. durch ihren großzügigen Grundriss, ihren reichhaltigen Schmuck, dem hellen von 80 Säulen getragenen Innenraum, dem eindrucksvollen Papstaltar und dem eleganten Kreuzgang aus dem 13. Jahrhundert. Der Besuch ist ein absolutes Muss! Die meisten meiner Kolleginnen und Kollegen beantworteten auf die Frage nach der Nummer 1 – sozusagen aus der Pistole geschossen (sparato dalla pistola): „Sankt Paul". Es ist der Spirit, der Geist dieses Gotteshauses, der einem im wörtlichen Sinne den Atem nimmt. Nicht so überfallartig besucht wie die anderen Sehenswürdigkeiten ist der Innenraum oft still und andächtig ruhig.

Man betrachtet die unzähligen Portraits der Päpste und sieht irritiert noch einen freien Medaillonrahmen ... und wünscht irgendwie inständig, dass Franziskus noch lange residiert, aber die Zeit läuft... Unzählige Päpste?? 265 Medaillons, 26 freie Plätze, nachdem unter Johannes Paul II. 25 weitere geschaffen wurden. Der Name Papst „Papa" bürgerte sich erst ab dem 5. Jahrhundert ein und stammte ursprünglich aus Alexandria. Zu den 266 offiziell gezählten Päpsten (259 in ROM und 7 in Avignon) kamen noch 38 Gegenpäpste (31 in ROM, 5 in Avignon und 2 in Pisa). Die Geschichte der Päpste und Gegenpäpste bezeugt das Spiel von Macht, Intrigen und Reichtum und ist mehr als ein dunkles Kapitel der christlichen und später katholischen Kirche. Die besondere Rolle des Bischofs von ROM entstand irgendwie subkutan, eher unbemerkt und dann doch durch die Verbindung von Glaube und Macht, von Staat und Kirche.

Franziskus, das (zur Zeit) letzte Medaillon

Der Papstaltar als Mittelpunkt der Kirche

Man verlässt die Kirche seit dem Umbau des archäologischen Weges an der Seite, um dann an Café und Shop vorbei wieder an die Vorderseite zu gelangen. Zu „meinen" Zeiten ließ der Busfahrer die Menschenladung an der Vorderseite raus, um diese dann wieder nach 25 Minuten Besichtigungszeit an der Rückseite in Empfang zu nehmen. Irgendwie war es dann aber immer 11 Uhr. Zeit zum Frühstücken! Die 16 Stunden-Diät wäre wohl eingehalten worden, wenn sich nicht der Abend davor so hingezogen hätte... Und Alkohol ist ja auch Nahrung! Während also der engagierte ROM-Führer der Anima den Zuhörern in der Kirche die Schönheiten pries, trafen sich die Reiseleiter im kleinen Bistro auf dem Mittelstreifen der Via Ostiense zum obligatorischen Cappuccino (gerne coretto al brandy) mit ***tramezzino*** und konnten dann ihre Schäflein wieder gestärkt in Empfang nehmen. Ich muss aber gestehen, dass ich es ohne einen Blick in die Basilika zu werfen, nie ausgehalten habe. Ich verehre diesen Ort!

Pyramide des Cestius

Bahnhof Ostiense

Kurzer Bericht zum Worst Case aller Reiseleitungen: Nachdem der Sonderzug mit 580 Pilgern und Romliebhabern in Ostiense ankam, bekam ich die Verteilungsliste der angemieteten Hotels! Fast alle doppelt belegt und keine Einzelzimmer!! So mussten an diesem Abend die Einzelzimmer gemeinsam in Dreibettzimmer untergebracht werden ... Na, das war eine Freude. Deutsche sind soooo geduldig! Ich habe es knapp überlebt ... und neue Freundschaften entstanden! Irgendwie doch auch gut ...

Noch mehr über diesen Ort meiner **Nummer 1** wissen ... ?

Mächtige Säulen umschließen den begrünten Vorhof der Basilika, in dessen Mitte, flankiert von zwei Palmen, eine riesige Paulusstatue den Blick des Besuchers gefangen nimmt. Paulus hält das Schwert des Glaubens in der Hand, während er in sich gekehrt zu Boden schaut, das Haupt vom Tuch seiner Toga verhüllt. Die Bedeutung des Völkerapostels und seiner Missionsreisen liegt in der Befreiung und Loslösung des Christentums vom alttestamentarischen Judentum. „Nicht auf das Gesetz, sondern auf den Glauben kommt es an“. Genau dieser Ansatz war es, der Paulus eine Anklage für ein todeswürdiges Verbrechen bei den Juden einbrachte. Geschickt konnte er als römischer Bürger noch aus den Händen der jüdischen Häscher entkommen, aber Nero machte dem 60-jährigen dann doch den Garaus und er wurde mit dem Schwert hier an dieser Stelle enthauptet. Die Begeisterung über das bunte Mosaik an der Giebelfassade (Christus mit den beiden Apostelfürsten, darunter die vier Evangelisten) sowie der insgesamt gigantische Eingangsbereich hält sich in Grenzen. Erst der Blick in die großartige fünfschiffige Kirche lässt den alten Basilikastil wiederaufleben. Am 15. Juli 1823 brannte die frühchristliche Basilika aus dem 4./5. Jahrhundert, einer der schönsten und bis zum Neubau des Petersdoms die größte Kirche der Christenheit, fast gänzlich ab. Dieser Brand von 1823 hat nicht allein eine altehrwürdige Basilika zerstört, sondern ein wahres Museum von altchristlichen und mittelalterlichen Schätzen. Was hier überdauert hat, sind die Mosaiken der Fassade und des Triumphbogens, einige Portraits der Päpste und die Ausstattung der Apsis. Glücklicherweise war man in der Lage mit Hilfe von älteren Kopien eine annähernd genaue Vorstellung von dem ursprünglichen Zustand der Denkmäler zu gewinnen. Mit Spendenhilfen aus aller Welt von Christen und Nichtchristen wurde sie wiederaufgebaut und 1854 fertiggestellt.

Beim Gang vorbei an den langen Reihen der herrlichen Säulen nähern wir uns den erhaltenen Kostbarkeiten der Basilika: dem mosaikgeschmückten Triumphbogen, dem Ziborium über dem Altar und dem darunter liegenden Paulusgrab sowie dem Apsismosaik. Bei den Portraitmedaillons der Päpste konnte Johannes Paul II. durch weitere hinzugefügte leere Rahmen den abergläubischen Prophezeiungen mancher Sektierer entgegentreten, dass beim Bestücken der letzten Wandfläche mit einem Papstportrait „das Ende der Zeiten“ gekommen sei. Die rechte Seitentür neben dem Chor führt zum neuen Ausgang und erlaubt vom hinteren Fenster der Sakristei den Blick in den wunderschönen Kreuzgang aus dem 13. Jahrhundert mit vielgestaltigen, bunten Säulenpaaren zwischen anmutig geschwungenen Rundbögen. Dieser Kreuzgang gehört zu dem hinter der Kirche liegenden Benediktinerkloster.

***Basilica Papale San Paolo fuori le mura**, Piazzale San Paolo 1,*
Quartiere Ostiense, www.basilicasanpaolo.org,
Metropolitana di Roma Linea B Fermata Basilica San Paolo.

Die ***Cestius Pyramide*** *(Piramide di Caio Cestio)* ließ sich der Prätor und Volkstribun Caius Cestius als Grabstätte errichten. Er war so fasziniert von den ägyptischen Pyramiden, dass er beschloss, eine solche auch in ROM zu errichten. Die über 36 m hohe Pyramide aus Ziegelstein, mit Travertin- und Marmorplatten verkleidet, wurde zwischen 18 und 12 v. Chr. erbaut und folgte dem Modetrend, nach der Eroberung Ägyptens durch Kaiser Augustus, ägyptische Kultur und Bräuche in ROM zu zelebrieren. In der Pyramide befindet sich eine ca. 120 cbm große Grabstätte, in die 11 v. Chr. Caius Cestius gelegt wurde, wie es die Inschriften auf der Ost- und Westseite auch so beschreiben. 1656 ließ Papst Alexander VII. die Pyramide restaurieren und wieder freilegen. Die letzte Restaurierung – gesponsert von einem japanischen Geschäftsmann – wurde 2015 abgeschlossen.

2. *Numéro due:* Wer ROM kennt, kennt San Clemente

(sagt Hubert N. und der muss es wissen....)

Gleich „um die Ecke“ des Colosseums liegt an der Via di San Giovanni in Laterano das Kleinod für Romspezialisten. Hier an dem alten Verbindungsweg vom Lateran zum Forum Romanum erfahren wir Geschichtliches rund um einen der „Väter der Kirche“ und um eine außergewöhnliche Kirche auf drei Ebenen. Clemens von ROM war der dritte Nachfolger des hl. Petrus (Petrus, Linus, Cletus, Clemens ...) und regierte als Bischof von ROM 88-97. Seine Ordination soll er noch von Petrus persönlich empfangen haben. Ein Zeugnis aus dieser Zeit ist der berühmte Brief an die Gemeinde von Korinth, in der sich erhebliche Streitigkeiten und Zerwürfnisse der Gläubigen untereinander abspielten. Er soll damals zum 1. Mal vom Primat des Bischofs von ROM Gebrauch gemacht haben und die Gemeinde zum Zusammenhalt und zur christlichen Nächstenliebe aufgefordert haben. Hier war wohl irgendwie der Ursprung des Papsttums, denn jetzt ragte zum 1. Mal einer aus dem Presbyterrat (Ältestenrat) hervor und folgte in der apostolischen Sukzession seinem Vorgänger. Die Reliquien von Clemens liegen hier vermutlich nicht - wurde er doch vom Regime des Kaisers Traian in die taurischen Chersones (heute Krim) deportiert und dort in ein Arbeitslager eines Bergwerkes gesteckt. Wegen seines Apostolates bei den Strafgefangenen soll er wohl mit einem Anker um den Hals ins Schwarze Meer gestürzt worden sein.

Seine letzte Ruhestätte? Eine Geschichte erzählt, dass die Missionare Method und Kyrill (der Nationalheilige Bulgariens) die Reliquien des hl. Clemens I. auf der Halbinsel Krim ausfindig machten und 867 nach ROM überführen konnten, wo sie in San Clemente beigesetzt wurden - ebenso wie 869 Kyrill, dessen Grab heute noch ausgesuchtes Pilgerziel vieler Bulgaren ist. Wie auch immer trägt diese Basilika den Namen Clemenskirche als Grabstätte zu Recht; denn hier liegt noch ein anderer Clemens, nämlich Flavius Clemens, Konsul des Jahres 95, ein Verwandter Kaiser Vespasians. Ein Beleg dafür, dass schon unter den Kaisern Vespasian und Titus das Christentum Gefolgsleute auch in der Aristokratie hatte.

San Clemente mit dem Innenhof

Die wunderschöne Oberkirche

Viele Ausgrabungsobjekte im Mithräum

Blick von San Clemente zum Colosseum

Wenden wir uns dem Bau und den drei „Etagen“ zu. Hier in der Senke zwischen Esquilin und Caelius etwa 20 Meter unter dem heutigen Straßenniveau lag wohl ein Teil der Moneta, der Münzprägeanstalt ROMs und nachweislich ein Mithräum, ein Versammlungsort für den Mithraskult. Dies bezeugt u. a. das Relief, auf dem Mithras einen Stier tötet. Außerdem war dieser Ort eine Versteckkirche für die der Verfolgung ausgesetzten Christen. Bei den Ausgrabungen, die seit 1862 vorangetrieben wurden, fand man eine kleine Katakombe mit Gräbern aus dem 5. Jahrhundert. Nach der Plünderung ROMs durch Alarich 410 n. Chr. war das generelle Verbot, in der Stadt zu beerdigen, nicht mehr zu halten und immer mehr Gräber entstanden auch in der Stadt. Im 4. Jahrhundert konnte man endlich frei an diesem Ort eine Kirche bauen und weihte die Basilika dem hl. Clemens. Seit den Zeiten Konstantins baute man Kirchen nach den Plänen der kaiserlichen Basiliken. Das waren diese königlichen Hallen, rechteckige Gebäude durch Säulen in drei Schiffe geteilt, die zur Apsis führten, wo der Kaiser über die ihm zum Urteil vorgelegten Fälle Recht sprach. Über dem Mithras-Heiligtum entstand dann diese heutige Unterkirche geschmückt mit vielen romanischen Fresken, die sich z.T. in der Oberkirche wiederholen. Diese wurde nach der Zerstörung durch die Normannen 1084 über dem Bauschutt der alten Basilika auf Betreiben des damaligen Titularkardinals etwas kleiner aber fast wie ein Abbild der Unterkirche errichtet. Clemens II. ließ diese dann Anfang des 18. Jahrhunderts noch einmal gründlich renovieren und festigen.

Nehmen Sie sich Zeit die vielen wunderschönen Mosaiken und Intarsien, z. B. in Marmorfußboden, Osterleuchter, Tabernakel und Bischofsstuhl zu betrachten. Besonders Triumphbogen und Apsis mit Darstellungen aus dem alten und neuen Testament vergolden Ihren Blick. Um die gesamte Zeitreise des Gebäudes zu verstehen, sollte man nicht versäumen, die unterirdischen Ausgrabungen zu besuchen. Hier sieht man nicht nur die Reste eines römischen Stadthauses aus der Zeit Caesars, sondern könnte sogar das Rauschen der antiken Abwasserleitung Cloaca massima hören, mit der schon die Etrusker den ehemaligen Sumpf ROMs trockenlegten und so eine Bebauung der Stadt im Zentrum überhaupt erst möglich machten.

Basilica San Clemente al Laterano, *Via Labicana 95, Quartiere Laterano ed Esquilino, www.basilicasanclemente.com, Metropolitana di Roma Linea B Fermata Colosseo*

---

3. *Numéro tre:* Auf zum Altar des Augustäischen Friedens Ara Pacis Augustae

oder wie man sich zu Lebzeiten selber ein Denkmal setzen lässt......

Unweit des Tibers gleich neben dem Augustusmausoleum (Mausoleo di Augusto) liegt der „Altar des Friedens des Augustus“ – Ara Pacis Augustae – ein vom römischen Senat 13 v. Chr. in Auftrag gegebenes Monument. Im 12. Kapitel der „Res Gestae“, dem Rechenschaftsbericht, den Augustus an sein Grabmal anbringen ließ, heißt es: „Als ich im Konsulat des Tiberius Nero und des Publius Quintilius aus Spanien und Gallien nach ROM zurückkehrte, aus jenen Provinzen, die vom Glück durch meine Taten begünstigt wurden, beschloss der Senat, als Weihegeschenk für meine Rückkehr den Altar des Augustäischen Friedens auf dem Marsfeld zu errichten. Es gilt die Anordnung, dass auf ihm die Obrigkeit, die Priester und die Vestalischen Jungfrauen am Jahrestag das Opfer darbrächten.“ Das Denkmal ist sozusagen die Selbstdarstellung eines römischen Kaisers zu Lebzeiten – eher ungewöhnlich für die damalige Zeit - heutzutage wohl ein Muss für jeden Diktator. Der Altar wurde am 04. Juli 13 v. Chr.

begonnen und am 30. Januar 9, am Geburtstag der Gattin Augustae Livia eingeweiht. Wie andere antike Bauwerke versank die Anlage in den Fundamenten und im Schutt späterer Bauwerke. Erst 1859 stieß man in mittlerweile 5,5 m Tiefe auf eine große Platte mit Darstellungen des Aeneas, dem Kopf des Mars und zahlreichen Blumenornamenten. 1903 begann man mit systematischen Grabungen, die unter Benito Mussolini verstärkt wurden, um den 2000. Geburtstag von Augustus auch angemessen imperialistisch feiern zu können. Wie war das mit der Selbstdarstellung ...? Auf jeden Fall mussten Fundstücke, die z. B. sogar in Florenz und in Paris gelandet waren, wieder zusammengefügt werden. Der Palazzo Peretti über der Fundstelle musste teilweise ausgehöhlt werden, um Teile des Altars zu bergen und man fror sogar die umliegende Erde ein, um die Bergung zu erleichtern. Hier gleich neben dem Mausoleum wurde der Altar wiederaufgebaut und erhielt 1938 einen schützenden Pavillon, der später renoviert und 2006 durch einen sehr modernen Glasbau amerikanischer Architekten ersetzt wurde, der nicht unbedingt allen Römern gefällt (Museo dell'Ara Pacis). Über 10 Stufen ist der rekonstruierte Sockel von 11,63 m x 10,25 m zugänglich. In der Mitte der Altar – 4 umlaufende Treppenstufen bilden sein Podest – vier weitere Treppenstufen führen zum Altar hinauf also zum heiligen Bezirk.

Die äußere Umfassungsmauer, die an den Ecken durch Pilaster verstärkt ist, schließt in einem schlichten Gebälk. Die zurücktretenden Wandflächen unterteilt ein Band in zwei Streifen, deren unterer mit Blattranken gefüllt ist. Aus kräftigen Akanthusbüscheln wachsen Stängel, die sich über die Flächen drehen und Blätter sowie rosenförmige Blüten treiben. Efeu, Lorbeer, Weinlaub und Weinranken erkennen wir dazwischen. Schmetterlinge, Eidechsen, kleinere Reptilien und Vögel lassen einen Phantasiewald entstehen, auf dessen Wipfeln Schwäne ihre Flügel ausbreiten.

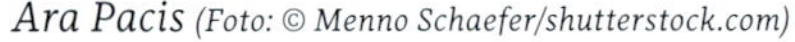

Ara Pacis (Foto: © Menno Schaefer/shutterstock.com)

Der Weihezug am Ara Pacis (Foto: © wjarek/istockphoto.com)

Die Längsseiten schildern die Grundsteinlegung des Monuments wie ein Dokumentarbericht: An der heutigen Südseite – eigentlich wäre das die Westseite, aber beim Wiederaufbau wurde der Altar um 90 Grad gedreht und auch später nicht wieder korrigiert – sieht man Liktoren, die dem Kaiser den Weg bahnen. Augustus schreitet an der Spitze des Weihezuges, den Mantel über den Kopf gezogen, begleitet von den Konsuln Tiberius und Varus. Es folgen die vier Opferpriester (Flamines) der kapitolinischen Götter und des vergöttlichten Caesars. Die kaiserliche Familie schließt sich an und gibt sozusagen gleich einen Blick in die weitere Thronfolge. Marcus Agrippa mit Sohn L. Caesar und Gattin Julia, Tochter des Augustus. Tiberius, der spätere Kaiser und Drusus mit seiner Antonia und dem zweijährigen Germanicus. Den Zug beschließt die vierköpfige Familie der älteren Antonia, Nichte des Augustus.

Die Erdgöttin Tellus (Saturia Tellus), die gleichzeitig das Land Italien und den Frieden personifiziert, sitzt inmitten einer fruchtbaren Natur von Pflanzen und Tieren mit zwei Kindern in den Armen. Zwei weibliche Gestalten flankieren sie mit aufgeblähten Schleiern getragen von einem Schwan und einem Seeungeheuer als Symbole für Land und Meer. Die Bedeutung ist klar: Im Reichtum der Tellus-Italia sollen sich die Segnungen des „goldenen Zeitalters“ unter Augustus spiegeln. Überhaupt wirkt alles wunderbar komponiert so wie es die klassisch-griechische Kunst mit wohlproportionierten Gestaltungen und maßvollen Bewegungen ausdrückt. Auch die Präzision der Bearbeitung des Carrara-Marmors lässt auf die Fertigung durch griechische Künstler schließen, da wohl ausschließlich diese zu der Zeit über geniale bildhauerliche Fähigkeiten verfügten.

***Museo dell'Ara Pacis,** Lungotevere in Augusta, Rione Campo Marzio, www.en.arapacis.it, Metropolitana di Roma Linea A, Fermata Spagna > Bus Linea 119, Fermata Augusto Imperatore*

Wir gehen jetzt herüber zum ***Foro di Augusto***, das Octavianus, der spätere Kaiser Augustus, in Erinnerung an die siegreiche Schlacht über die Caesarmörder bei Philippi errichten ließ mit dem alles überragenden Tempel des rächenden römischen Kriegsgottes Mars (Mars Ultor). Er lehnte sich an die das Forum vom benachbarten Stadtviertel trennende Mauer an. Nicht nur hier sondern auch in der gesamten antiken Stadtmitte ließ Augustus in der langen Zeit des Friedens mehr als 80 Tempel errichten. So entstand das römische Sprichwort: Augustus hat ein ROM aus Ziegelsteinen vorgefunden und ein ROM aus Marmor hinterlassen.

Zwischen beiden Foren liegt das ***Foro di Nerva***, das eigentlich Kaiser Domitian neben dem Friedenstempel (Templum Pacis) beginnen ließ. Es ist sozusagen ein Lückenfüller oder ein Durchgangsforum zwischen den beiden Schwergewichten Caesars und Augustus. In der Mitte stand der Tempel der Göttin Minerva, der Schutzgöttin ROMs. Erst 97 n. Chr. vollendete Kaiser Nerva, der nur zwei Jahre regierte, das Forum und gab ihm den Namen. Wie so viele Foren wurde es lange als Steinbruch genutzt, wobei noch viele Teile unter der Via dei Fori Imperiali begraben liegen.

Museo dei Fori Imperiali nei Mercati di Traiano, *Via Quattro Novembre 94 , Rione Campo Marzio, www.mercatiditraiano.it, Metropolitana C Fermata Venezia, Metropolitana B Fermata Colosseo*

---

8. *Numéro otto:* Musei Vaticani

Natürlich dürfen die Vatikanischen Museen in der Hitliste ROMs nicht fehlen. Schließlich handelt es sich um das größte Museumsensemble der Welt, was man allerdings auch an den Außenwarteschlangen in der Viale Vaticano an der Nordseite des Vatikans gut erkennen kann. Dieses jetzt mal eben kurz zu beschreiben ist schier unmöglich. Über 140 Räume bilden das Gesamtmuseum, wobei natürlich einige alles überstrahlen. Die ***Capella Sistina***, deren 41 m lange Decke Michelangelo 1508 bis 1512 eigenhändig so genial ausmalte, ist wohl das Highlight des Museums. Seine gemalte Interpretation der Schöpfungsgeschichte von der Erschaffung des Lichts bis zu Adam und Eva und weiter zu Noah ist ein Geschenk des ***Divino***, des göttlichen Meisters an die Welt. Er soll dieses im Stehen auf einem Gerüst mit einer Kerze auf dem Kopf gemalt haben, unfassbar! Überliefert ist sein Ausspruch „Schlecht ist mein Auge, zum

4. *Numéro quattro:* Pincio e Piazza del popolo

Neben dem ***Gianicolo*** ist der Monte Pincio der wohl beliebteste Hügel der Stadt – außerhalb des historischen Zentrums. Hier kann man mit verliebtem Sonnenuntergangsblick auf die Stadt bis hin zu Sankt Peter und darunter auf den ***Piazza del Popolo*** schauen.

Piazza del Popolo mit den beiden Marienkirchen

und der Blick auf die Fontana della Dea

Die Hektik der Stadt hinter sich lassend beschließt man wunderschön spazieren zu gehen und rund um die Galoppbahn (Galoppatoio) den Park der Villa Borghese und die ***Galleria Borghese*** als Ziel anzuvisieren. Der in der Mitte liegende von Pinien und Zypressen umgebene Piazza di Siena ist jährlich Schauplatz eines CSIO Springreitturniers. Der Zoologische Garten "Giardino Zoologico di ROMA", der älteste Italiens, wurde 1911 nach dem Vorbild des Hamburger Tierparks Hagenbeck angelegt und hat sich besonders dem Artenschutz und der Naturnähe verschrieben. Er trägt deshalb den Namen ***Bioparco***. „Il Bioparco persegue la conservazione della specie minacciate di estinzione attraverso azioni di sensibilizzazione ...".

Von dort gehen wir südostwärts zur Galleria Borghese. Es gehörte übrigens zum guten Ton, dass die reichen römischen Familien neben ihrem Stadtpalast „Palazzo" auch einen Rückzugsort im Grünen hatten, den sie „Villa" nannten. Das reiche adelige Geschlecht der Borghese ließ sich relativ stadtnah in den Weinbergen hier am Pincio nieder. Es war der Neffe von Camillo Borghese, dem späteren 1605 ernannten Papst Pius V., der diesen weiträumigen Park anlegen ließ und ihn mit dem Pincio verband. Kardinal Scipione Caffarelli Borghese war auch ein großer Kunstsammler, wobei ihm natürlich die Beziehungen seines Onkels sehr entgegen kamen. Das von ihm in Auftrag gegebene ***Casino Borghese*** beherbergt die gesammelten Werke in einer Antiken-

und Gemäldesammlung. Außerdem vergab er zahlreiche Aufträge an aufstrebende Künstler, so auch an einen gewissen ***Bernini***. Bekannte Skulpturen u. a. von Gian Lorenzo und Vater Pietro Bernini sowie Canova, Gemälde von Raffael, Botticelli, Tizian, Rubens, Van Dyck, usw. usw. finden wir hier in unermesslicher Reichhaltigkeit, denn nach Kardinal Scipione Borghese waren auch seine Nachfolger engagierte Kunstsammler. Wäre da nicht Napoleon Buonaparte gewesen, der sich mit viel Druck und Geld unzählige Stücke für den Louvre „aushändigen" ließ, wäre das Angebot noch deutlich größer. Ein Besuch mit viel Zeit ist auch hier angesagt.

Aber es wartet schon unten auf uns der ausladende Piazza del Popolo, benannt nach der benachbarten Kirche Santa Maria del Popolo mit Raffaels wunderschön ausgeschmückter Capella Chigi. Die beiden Zwillingskirchen Santa Maria dei Miracoli (heißt Wunder nicht Spaghetti) und Santa Maria in Montesanto begrenzen den Platz am Beginn der Via del Corso. Der gewaltige ägyptische Obelisk (Obelisco Flaminio) mit den Löwenwächtern zu Füßen, mit 23,9 m der zweitgrößte der Stadt, stand schon 1200 v. Chr. in Heliopolis unter Ramses II. und wurde wie so einige seiner Brüder von Augustus 10 v. Chr. nach ROM verbracht. Das nördliche Stadttor, die Porta del Popolo, in der Antike der Beginn der Via Flaminia (Porta Flaminia) und Teil der Aurelianischen Stadtmauer aus 275 v. Chr., war beliebter Eingangsort für den großen Platz, der sozusagen Begrüßungsort für alle Ankömmlinge war. Hier fanden schon immer Feste, Feiern, Pferderennen, Konzerte usw. statt. Bekannt ist der Einzug von Königin Christina von Schweden am 23. Dezember 1655. Bernini, der gerade das Renaissancetor Michelangelos umbaute, widmete ihr umgehend die Inschrift auf der Innenseite wie es der Auftrag Papst Alexander VII. vorsah. Eine direkte Verbindung zwischen Pincio und dem Piazza del Popolo ist gleich neben dem eindrucksvollen Brunnen der Göttin Dea (Fontana della Dea di Roma) die klassizistische Treppenanlage von Guiseppe Valadier, der sich auch um die Gesamtgestaltung des Platzes 1830 verdient gemacht hatte.

Villa Borghese, Galleria Borghese*, Piazzale del Museo Borghese 5,*
Quartiere III pinciano, www.galleriaborghese.beniculturali.it ,
Metropolitana di Roma Linea A, Fermata Flaminio

---

5. *Numéro cinque:* Catacombe (di Domitilla)

Die unterirdischen Grabstätten mit ihren unendlichen Gängen und Verstecken dienten jahrhundertelang als Beerdigungsstätte für Heiden, Juden und später auch Christen. Auch wenn es in ROM über 60 Katakomben gibt, sind für die Besucher nur vier geöffnet. Drei liegen in unmittelbarer Nähe der Via Appia Antica im Süden (Domittila, Calixtus, Sebastianus) und eine im Norden (Priscilla). Alle vier beeindrucken durch ihr großes Netzwerk von Etagen, Gängen und Nischen, die in das weiche aber stabile ***Tuffgestein*** gegraben wurden. Die von mir sehr oft besuchte ***Domitilla***-Katakombe liegt unweit der Fosse Ardeatine an der Via Ardeatina, einer Gedenkstätte für das unfassbare Massaker Hitlerdeutschlands, als im März 1944 335 italienische Geiseln als „Vergeltung" für einen angeblichen Bombenanschlag hingerichtet wurden. Wie so viele grausame Erinnerungen an diese Zeit sollen sie uns immer mahnend unvergesslich bleiben. Die ***Domitilla***-Katakomben sind die größten und wohl auch eindrucksvollsten Katakomben ROMs. Die adelige Domitilla mit Verwandtschaft aus kaiserlichem Hause stellte ihren Besitz an der Via Ardeatina der christlichen Gemeinde Anfang des 2. Jahrhunderts als Grabanlage zur Verfügung. Führungen durch die Katakomben sind ein Highlight. Aus den Worten der Ordensleute, die die Katakombe betreuen, klingen keine schaurigen dunklen unterirdischen Horrorszenarien, sondern immer der Gedanke der Auferstehung. Nach den barmherzigen Brüdern aus Trier, denen ich viele unvergessliche Momente mit (privaten) Führungen verdanke, haben seit 2009 die Steyler Missionare das Management übernommen. Mitten in der Domitilla-Katakombe, sozusagen zwischen Himmel und tiefer Erde, liegt die eindrucksvolle dreischiffige Hallenbasilika mit ihren Säulen und vielen Marmorfragmenten zu Ehren der heiligen Nereus und Achilleus, zweier Soldaten, die 304 n. Chr. unter Diokletian den Märtyrertod erlitten. Von dort geht es hinein in das Labyrinth der Gänge mit ihren versteckten Nischen und unzähligen Grabkammern. Viele erstaunlich gut erhaltene Wandmalereien und Tafeln sind Zeugen christlicher Zeit vor der Anerkennung der Religion durch Kaiser Konstantin. Sie war allerdings auch der Beginn der Verbindung von Kirche und Staat. Das Mailänder Edikt von 313 fügte die Kirche in den kaiserlichen Machtapparat ein.

Catacombe di Domitilla, *Via delle Sette Chiese 282, Quartiere Ardeatino, www.catacombedomitilla.it, Bus 118 Fermata Scuola Agraria (Piazza Venezia)*

6. *Numéro sei:* Via Appia Antica

Alle Wege führen nach ROM. Ein mehr als wahrer Ausspruch. Es waren mächtige, breite und unglaublich lange Heeres- und Verkehrsstraßen. Die Via Appia Antica war eine von ihnen, sogar die „Regina Viarium“ und führte Richtung Süd-Osten bis nach Brindisi. Sie ermöglichte den Römern mit schnellen Einsatztruppen in wenigen Tagesmärschen in Kriegs- oder Aufstandsgebiete zu kommen. Warum die Römer immer so schnell an ihren „Einsatzorten“ waren, verdankten sie auch einem einfachen Trick. Statt einen ganzen Tross von Nahrung für die vielen Soldaten mitzuschleppen, nahmen sie Wagenladungen an Salz mit, um so gejagte Tiere zuzubereiten. Guter Einfall! Schon Appius Claudius Caecus ließ die Via Appia 312 v. Chr. anlegen und mit den jetzt noch erhaltenen Pflastersteinen und ihren glatten „Katzenköpfen“ ausstatten, die wir noch an unzähligen Stellen sehen können. Ein gut erhaltenes antikes Teilstück von 14 km führt vom Stadttor Porta di San Sebastiano zur kleinen Ortschaft Santa Maria delle Mole. Ansonsten ist sie in die wichtige Staatsstraße SS 7 aufgegangen, die heute immer noch (fast) auf der gleichen Trasse nach Brindisi führt. Gleich zu Beginn erkennen wir die römischen Meilensteine, die überall im römischen Reich die Heeresstraßen eines weit verzweigten 85.000 km langen Verkehrsnetzes markieren. In Höhe des 3. Meilensteines lag früher die Villa Senecas, des Stoikers und Lehrers von Kaiser Nero. Alle Ausfallstraßen ROMs waren außerhalb der Stadtmauern Gräberstraßen. Viele berühmte Grabmäler säumen den Weg, u. a. die unterirdischen Scipionengräber, das Grabmal der Caecilia Metella und der Horatier sowie die vielen Katakombenanlagen. Nach einem antiken Rundtor liegt links die Kapelle „Quo vadis?“. Sie erinnert an die Legende, die zum Bau der kleinen Kirche geführt hat. Der heilige Petrus habe, um der Verhaftung durch die römischen Behörden zu entgehen, die Stadt fluchtartig über die Via Appia verlassen. Doch auf der Straße sei ihm ein Wanderer entgegengekommen, den Petrus grüßte und ihn fragte: „Domine, quo vadis?“ (Herr, wohin gehst Du?). Der unbekannte Fremde antwortete: „Nach ROM, wo ich ein 2. Mal gekreuzigt werde.“ Daraufhin sei Petrus Jesus erkennend voller Mut nach ROM zurückgekehrt seinem sicheren Tod ins Auge sehend. Im 9. Jahrhundert wurde an dieser legendären Stelle diese Kapelle errichtet, die u. a. Leitmotiv für den Klassiker und Nobelpreis ausgezeichneten „Quo vadis“ des polnischen Schriftstellers Henryk Sienkiewicz war und eindrucksvoll verfilmt wurde. Auf dem weiteren Weg finden wir merkwürdig versteckte eher vergammelt wirkende Toreinfahrten, die bei elektrischer Öffnung den Blick auf weite repräsentative Einfahrten zu wahren Villenschlössern öffnen. Hier haben sich namhafte Filmstars einen in den 50er und 60er

Jahren noch bezahlbaren mondänen Wohnsitz geschaffen. Seit 1988 ist der Bereich rund um die Via Appia als Regionalpark geschützt, um die Bebauung dort zu lassen, wo sie jetzt ist. Zypressen, Pinien und Olivenbäume säumen den romantischen Weg.

Das Grabmal von Caecilia Metella *und die Romantik der Via Appia Antica*

Tomba di Caecilia Metella, *Via Appia Antica 161, Quartiere Ardeatino,*
www.parcoarcheologicoappiaantica.it,
Bus 118 Fermata Appia Pignatelli (Piazza Venezia)

7. *Numéro sette:* Die Märkte und Foren an der Via dei Fori Imperiali

Hätte (hätte Fahrradkette) nicht Mussolini in seinem Größenwahn geplant, ROM in 50 Jahren „groß, geordnet und mächtig" zu machen und „freie Sicht" auf die antiken Bauten zu schenken – speziell auf das Kolosseum – und mit der Via dell' Impero großartige Reste der Märkte und Foren zu begraben ... Welches antikes Ensemble stände da mit dem Forum Romanum und den davon östlich gelegenen Foren? Langsam wird das ein oder andere wieder zu Tage befördert. Trotzdem erkennen wir noch die Ausmaße der kaiserlichen Anlagen. Von der Piazza Venezia gelangen wir zunächst östlich der Straße zum Forum und zu den Märkten Traians ***(Foro di Traiano e Mercati Traiani).*** Besonders beeindruckt uns die 38m hohe Traianssäule aus dem Jahre 113 n. Chr. mit ihrem strahlend hellen Stein und den Kaisergeschichten auf dem rundum laufenden Band. Die Marmortrommeln, die die Säule systematisch aufbauen, stammen von der griechischen Insel Paros. Das 200 m lange Bilderfries erzählt uns von dem mutigen Kampf des Kaisers gegen die Daker, ein Volk ansässig im Gebiet der Karpaten im heutigen Rumänien. (Von unten nach oben lesen ...)

Fast nicht vorstellbar, dass sich im Innern eine Wendeltreppe von 185 Stufen verbirgt, um so an die Statue des Apostels Petrus zu gelangen, die seit 1588 die Säule „ziert". Das ehemalige goldene Standbild Kaiser Traians ging irgendwie im Mittelalter verloren. Die Säule bildete mit einem Tempel, einer riesigen Basilika von Fußballplatzgröße, Triumphbogen und Reiterstandbild einen eindrucksvollen Komplex. Das riesige Areal schloss die Märkte des Traians ein, die im Nordosten den Quirinalshügel hinaufkletterten. Es waren mehrgeschossige Gebäude mit hohen Gewölben und aus roten Ziegelsteinen, in denen man Waren aus aller Welt anbot und in denen man (angeblich) auch viele billige Angebote bekommen konnte. So wollte Traian die hohen Steuerlasten bei der armen Bevölkerung ausgleichen, um soziale Spannungen zu verhindern. Wir glauben es einfach mal!

Das Forum des Traian am Piazza Venezia

Petrus auf der Trajanssäule

Gegenüber liegt das ***Foro di Cesare***, eigentlich Forum Julium, das Gaius Julius Caesar auf seine eigenen Kosten, also über Umwege doch mit dem Geld anderer, zwischen 54 und 46 v. Chr. bauen ließ. Er wollte sich selbst ein Denkmal setzen und sich beim Volke beliebt machen, da das alte Forum nicht mehr für die Bevölkerung ausreichte. Von der Größe und der Pracht des Forums zeugen nur noch wenige Reste. Hier war der Standort der Geldwechsler und der Börse, der so genannten Basilica Argentaria, viele Kaufläden und der Tempel der Venus Genetrix, also der Gott gebärenden Venus. Aus dem Buch über das Leben der Kaiser von Gaius Suetonius Tranquillus, de Vita Caesarum, wissen wir, dass Caesar den Senat auf dem Venustempel sitzend empfing und sich diese Geste, die nur den Göttern vorbehalten war, anmaßte. Kurze Zeit später wurde er 44 v. Chr. ermordet. Sein Forum vollendete Kaiser Augustus später.

Malen taug ich nicht." Wohl eher complimenti per la pesca! Als 60 jähriger schuf er mit dem „Jüngsten Gericht" noch ein weiteres göttliches Kunstwerk, mit dem sich Papst Paul II. 1541 noch einen Skandal einhandelte. Michelangelo schuf Christus und die ihn umgebenden Heiligen nackt. Auch wenn Michelangelos Schüler später Lendentücher aufmalten, so brachte die letzte Restaurierung doch seine grandiose menschliche Idee wieder zum Vorschein. Ein weiterer außergewöhnlicher Künstler hinterließ Unglaubliches an die Welt. Raffael da Urbino malte im Auftrag von Papst Julius II. vier Säle und Loggien aus, die sogenannten ***Stanzen***. Seine Fresko-Szenen aus dem Alten Testament, der philosophischen griechischen Schule und dem Borgobrand gelten als Höhepunkt der italienischen Renaissance. Im Bekanntheitsgrad liegt auch noch die „Laokoongruppe" aus dem 2. Jahrhundert v. Chr. ganz vorne, die Michelangelo auf Geheiß Julius II. aus dem goldenen Haus des Nero 1506 in den Vatikan überführte und dort mit dem „Apoll von Belvedere" aus dem 4. Jahrhundert v. Chr. den Grundstock zu einer sensationellen Sammlung von griechischen und römischen Originalobjekten rund um den Cortile Ottogono, den Statuenhof, bildete. Heute werden dieser Teil der Vatikanischen Museum u. a. mit dem Museo Pio Clementino, dem Museo Gregoriano Egizio, dem Museo Chiaramonti und weiteren Ausstellungsräumen als die Musei di Antiquità Classiche bezeichnet. Da raubt einem jeder Teil, jeder Saal, jedes Objekt den Atem und viel Zeit! Wir finden auch Modernes aus Bildhauerkunst und Malerei. Erst Paul VI. ließ 1973 die Collezione d'Arte Religiosa Moderna mit Werken von Kandinsky, Klee, Chagall und anderen Topadressen der Kunst zusammenstellen. Und dann noch ... und noch ... und ... Es ist nicht möglich das Museum auch bei tagelangen Besuchen in Gänze zu sehen. Schließlich macht man 7 km Museumsweg durch 14 Museen nicht so eben. Also: *Coraggio per il divario*! Mut zur Lücke braucht man in ROM an vielen Stellen! Wer Interesse an wunderschön gestalteten Gärten und kunstvollen Brunnen hat, sollte (mit einer Führung) die ***Giardini Vaticani*** nicht auslassen. Nach der Rückkehr der Päpste aus dem Exil in Avignon und den dann vollzogenen Umzug der Päpste aus dem Lateran in den Vatikan entstand auch Interesse an einer Gestaltung der Gärten erst als Erholungs- und Rückzugsort, dann auch als wirtschaftliche und botanische Fläche. Hier lernt man u. a. den Unterschied von italienisch, französisch oder englisch geprägten Gärten kennen. Heute haben die Gärten, die mit 44ha die Hälfte des Staatsgebietes ausmachen, auch eine Verbindungsfunktion für den Kleinstaat so durch den Heliport und den kleinen Bahnhof! Zahlreiche Gebäude – teilweise noch eingefasst mit der Leoninischen Mauer aus dem 9. Jahrhundert, deren Johannesturm man von weit außerhalb erkennt – prägen die Gärten.

Der Sitz von Radio Vaticano war jahrzehntelang im Palazzo Leo XIII. und die hohe Radio- und Fernsehantenne markantes Zeichen. Im Oktober 2018 wurde sie abgebaut und das Studio in die Via del Pellegrino unweit der Porta Sant'Anna gelegt. Einhergehend mit dem Umzug erfolgte auch die mediale Umgestaltung des Senders Richtung Digitalisierung und die Umbenennung in ***Radio Vaticana Italia***, einem auf der ganzen Welt zu empfangenden Sprachrohr des Vatikans. Bekannt sicherlich auch das Kloster Mater Ecclesiae, in das sich der emeritierte Papst Benedikt XVI. zurückgezogen hatte. Auch der amtierende Papst Franziskus wohnt nicht im Palazzo, sondern wählte („Ich will unter Menschen sein") das Gästehaus Santa Marta gleich neben dem Petersdom als Wohnsitz und bewohnt dort ein Appartamento di 4 locali. Beachtet bitte beim Betreten der Vatikanischen Museen die strengen Sicherheitsregeln, die auch eine Kleiderordnung und diverse Verhaltenshinweise beinhalten und für den gesamten Vatikanstaat gelten *(Norme e Regolamento per la visita al Vaticano, www.thevaticantickets.com).*

Michelangelo Buonarottis Schöpfungsgeschichte

Die Laokoongruppe

Musei Vaticani, ingresso centrale: Viale Vaticano, Città del Vaticano, www.museivaticani.va, Metropolitana A Fermata Ottaviano, Tram 19 Fermata Piazza Risorgimento

9. *Numéro nove:* Terme di Caracalla

Eher durch Zufall konnte ich diesen fantastischen Ort kennenlernen. Ein Freund, der es damals gut mit meiner (musikalischen) Kulturdelle meinte („An diesem Ort gefällt auch Dir eine Oper…“) nahm mich mit zu einer Carmenaufführung der Opera di ROMA in das Open-Air-Theater direkt in der Thermenanlage. Es war eine überwältigende Kulisse. Ein inspirierender und romantischer Ort. Unvergesslich und sozusagen ein Tourismusöffner für die Caracalla-Thermen war 1960 das Konzert der drei Tenöre Plácido Domingo, José Carreras und Luciano Pavarotti zur Eröffnung der Fussball-WM. Auch heute noch gibt es beim Caracalla Musikfestival jedes Jahr ein anspruchsvolles Open-Air-Programm. Caracalla, eigentlich Marcus Aurelius Severus Antoninus, ist uns schon vom Besuch des Triumphbogens seines Vaters Septimus Severus auf dem Forum Romanum bekannt. Er war es, der durch den Mord an seinem Bruder Geta gleich nach Amtsantritt im Jahre 211, seine Machtstellung mit aller Brutalität durchsetzte und sogar das Bild seines Bruders vom Bogen entfernen ließ. Durch den Bau der Thermen wollte er seinen miserablen Ruf beim römischen Volke wieder aufpolieren. Im Jahre 216 eröffnete er diese riesige Badelandschaft, die durch ein ebenfalls neu errichtetes Aquädukt gespeist wurde. 300 Jahre lang waren die Thermen der luxuriöse Badetreff für die Römer. Sie liebten diese besonderen Orte, an denen man nicht nur baden, schwimmen oder schwitzen konnte. Hier fand ein Teil des öffentlichen Lebens statt. So konnte man an diesem Orte den ganzen Tag verweilen, Sport und Leibeserziehung treiben, mit anderen debattieren und einen Schwatz halten, in den Gärten lustwandeln und sogar sich weiterbilden. Die mosaikgeschmückten Fußböden und Wände, die Freskenmalereien und die Marmorlandschaften boten einen Luxusaufenthalt pur und einen willkommenen Ausstieg aus dem mittlerweile doch hektischen Leben ROMs. Durch ein Gewirr aus Tonleitungen in Fußböden und Wänden wurde heiße Luft geleitet, Hypokaustum genannt, das die Schwitzbäder und Saunen mit Wärme versorgte. Unsere heutigen Fußbodenheizungen funktionieren eigentlich genau so! Damals sorgten mehr als 100 Sklaven für die Befeuerung der riesigen Öfen und beschickten diese täglich mit 10 Tonnen Holz. In den riesigen Hallen unter Kuppeln und Gewölben entstand der wohl erste Freizeitpark der Welt, Vorgänger unserer Spaßbäder. Ähnlich wie die anderen großen Thermen ROMs, um 400 n. Chr. gab es elf, waren sie ein Ausdruck der weit fortgeschrittenen architektonischen Fähigkeiten und Ingenieurleistungen der Römer. Die Konstruktion der Kuppel des Caldariums galt als unausführbar, aber sie wurde ähnlich unserer Betonarmierung mit einem Gerüst aus Kupfer und Bronze zur Stabilisierung unterlegt und war wie ein Weltwunder. Noch heute erkennt man in und an den Ruinen die beeindruckenden Dimensionen auf einer Fläche von mehr als 4.000 qm.

Die riesigen Bauten der Caracalla-Thermen

***Terme di Caracalla**, Via delle Terme di Caracalla 52, Regio XII Piscina Publica, www.coopculture.it, www.romeing.it, Metropolitana Linea B Fermata Circo Massimo, Bus 760 und 628*

---

10. Numéro dieci: San Pietro in Vincoli al colle Oppio

Wenn man sich vorgenommen hat, die Zahl der neben den Spaziergängen zu beschreibenden und bemerkenswerten Orte auf 10 zu beschränken, gibt es zum Schluss ein Problem. Da gäbe es noch viele ***posti notevoli*** in ROM. Warum also San Pietro in Vincoli? Nach dem Besuch wissen Sie es. Eine der ältesten Kirchen ROMs aus dem frühen 5. Jahrhundert beeindruckt uns durch besondere Reliquien und mal wieder durch Michelangelos Bildhauerkunst. Sie liegt unweit des Kolosseums auf dem Esquilinhügel. Als Papst Leo I., wegen seines Mutes und seiner Klarheit in theologischen und weltlichen Fragen auch „Leo der Große“ genannt, die Fesseln Petri geschenkt bekam, in denen der Überlieferung nach Petrus im Mamertinischen Kerker angekettet war, widmete er die Kirche Petrus als Namenspatron. So entstand der Name „Der heilige Petrus in Ketten“. Diese werden in einer goldenen gläsernen Kassette von Cristoforo Caradossa gestaltet auf dem Hauptaltar aufbewahrt. Beim Betreten der Kirche beeindrucken die 20 Säulen mit dorischen Kapitellen, die das Mittelschiff tragen. Das uneingeschränkte Highlight ist allerdings das Grabmal für Julius II. aus der Fürstenfamilie der Rovere. Als dieser 1503 zum Papst gewählt wird, entsteht ein neues Kapitel Kirchengeschichte. Er war in erster Linie ein weltlicher Fürst und ließ seine

Macht auch andere italienische Städte spüren. Er wollte als Papst und Territorialfürst der Größte sein. Nicht nur wegen seiner gefürchteten Wutausbrüche bekam der den Beinamen „Il Terribile“. Seinen Anspruch als Größter in die Geschichte einzugehen verband er auch mit repräsentativer Kunst. Er verpflichtete die Renaissancegenies Michelangelo, Bramante und Raffael. Er ließ Michelangelo das Deckengemälde in der Sixtinischen Kapelle anfertigen und Raffael seine Privaträume ausmalen. Jetzt stehen wir vorne rechts vor seinem Grabmal, das Michelangelo eigentlich für die Peterskirche plante. So schuf Michelangelo 1516 u. a. als Abbild des Papstes die berühmte Figur des Moses mit Hörnern auf dem Kopf. Es war wohl ein Übersetzungsfehler aus der hebräischen Bibel (Statt coronato – cornuto). Der Gehörnte „Il cornuto“ im italienischen übrigens auch im Volksmund der Begriff für den betrogenen Ehemann. Die 2,35 m hohe Skulptur des Moses beschreibt eindrucksvoll eine Szene aus dem Leben Moses. Mit den gerade erst von Gott erhaltenen Gesetzestafeln unterm Arm steigt Moses vom Berge Sinai. Sein grimmiger Blick bezieht sich auf das Verhalten seines Volkes, das mal wieder um das goldene Kalb tanzt und damit das Gebot Gottes „Du sollst Dir kein Bildnis machen“ unterläuft. Neben ihm die beiden ebenfalls von Michelangelo gestalteten Frauen Jakobs Lea und Rachel. Aus deutscher Sicht noch erwähnenswert im linken Seitenschiff das Grabmal Kardinal Nikolaus von Berncastel-Kues „Cusanus“, der hier 1465 beigesetzt wurde. Das Relief von Andrea Bregno zeigt Kardinal Cusanus und Petrus mit den ihn aus dem Kerker befreienden Engeln.

Die Ketten Petri auf dem Hochaltar

Moses „cornuto“ von Michelangelo

San Pietro in Vincoli, *Piazza di San Pietro in Vincoli 4, XV. Rione,*
www.diocesidiroma.it, Metropolitana Linea B Fermata Cavour,
Bus Fermata Colosseo/Fori Imperial

---

8. ROM – erholsame und eindrucksvolle Ausflüge rund um die Stadt
(Escursioni impressionanti e rilassanti fuori ma vicino a ROMA)

1. Castelli Romani – die Weinstädte in den Albaner Bergen

Auf dem Weg in die Albaner Berge über die Via Appia grüßt aus der Ferne der höchste Berg der Albaner Berge, der Monte Cavo mit 943m. In seiner Umgebung und an seinen Hängen liegen ***Rocca di Papa***, benannt nach einer Burg der Päpste und die weiteren romantischen Dörfer und Städtchen der ***Castelli Romani*** verbunden von der wohl ältesten Weinstraße der Welt. Der alte Götterberg Monte Cavo trug den größten Jupitertempel Latiums, dessen Reste der Quadermauern noch an den alten Tempelbezirk erinnern. Die ursprüngliche antike Römerstraße ist bis zum Gipfel noch gut erhalten. An allen Orten finden wir Hinweise auf die römische und etruskische Vergangenheit. Der wohl bekannteste Ort ***Frascati*** ist etruskischen Ursprungs und wurde bei den Römern „Tusculum" genannt. Er war bei den Römern als sommerlicher Zufluchtsort mehr als beliebt und wurde zum Treff der Reichen und Vornehmen. Von vielen Dichtern und in zahlreichen Schriften wurde er beschrieben. Cicero, Lucullus, Brutus, Tiberius und Caesar hatten hier u. a. ihre Besitzungen. Im 11. Jahrhundert hatten die Grafen von Tusculum sogar die Herrschaft über ROM übernommen und stellten drei Päpste.

Nett ausgedrückt: Beliebt waren sie in ROM nie. Papst Cölestin III., der Heinrich VI. krönte, löste sein an ihn gegebenes Versprechen ein und zerstörte 1191 die Stadt vollständig.

Die Albaner Berge über dem Süden ROMs

Im Garten der Villa Aldobrandini

Unterhalb der Ruinen, die heute noch von der Größe der Stadt, der Villa des Tiberius und des Amphitheaters, zeugen, gründete sich später die neue Stadt Frascati, die mit einem Mauerring bewehrt, ein neuer Anziehungspunkt wurde. Viele bedeutende Villen entstanden in und um die Stadt. Allein der uns aus dem Geschlecht der Borgheser bekannte Kardinal Scipione Borghese unterhielt hier 4 luxuriöse Wohnhäuser. Bekannt auch die Villa Mondragone (Drachenberg), in der Papst Gregor XIII. am 13. Februar 1582 die berühmte Bulle zur Kalenderreform unterschrieb, die uns noch bis heute den Kalender schenkt. Alle Villen umgibt ein großer Park mit Wasserspielen und sorgfältig angelegten prachtvollen Blumenbeeten, deren Großartigkeit schließlich in der ***Villa d'Este*** in Tivoli ihren Höhepunkt fand. Am bekanntesten ist wohl die Villa Aldobrandini, ein Land- und Lustschloß, das für die Architektur des 17. Jahrhunderts vorbildlich wurde. Die bekannten Baumeister Giacomo della Porta und Carlo Maderna vollendeten es im Auftrage Pietro Aldobrandinis, einem Neffen von Papst Clemens VIII., im Jahre 1604. Die meisten besuchen allerdings das Städtchen von gut 22.000 Einwohnern eher wegen des leckeren rustikalen Essens und des weltberühmten Weißweins. Eine porchetta (Spanferkel) mit Brot und Frascati eher schon ein Muss. In den zahlreichen Weinkellern und Trattorien ohne Schnick und Schnack – einfache Holztische mit Kerzen und Wasserkaraffen – kann man trefflich abstürzen. Wir haben dort unzählige Abende verbracht, die den Arbeitsablauf am nächsten Tage nicht gerade beschleunigten. Oft endete es mit Gesang und Tänzchen auf den Tischen, egal ob Chefredakteur, Firmenbesitzer oder schon betagter Reisegast. Selbst meinen Freund Paolo, Schweizer Gardist mit hohem Rang, zog es spät am Abend auf die Tische und auch seine Geschichten aus seinem zugegeben interessanten Job wurden immer phantasiereicher. Die anderen Reisegäste nahmen das mit Begeisterung auf und glaubten erst nach einiger Zeit, dass sie einen wahren Gardisten vor sich hatten. Und wie gesagt, wir waren oft da... Würde man den Frascati-Weingeist verschmähen, ginge es jetzt eigentlich nach ***Castel Gandolfo***. Auf dem Weg genießen wir den wunderbaren Blick auf den Lago di Nemi, einem See vulkanischen Ursprungs, der von seinem Bruder Lago Albano nur durch den Monte Cavo getrennt wird. Direkt am Ufer des Albaner Sees liegt der Ort Castel Gandolfo mit nicht mal 10.000 Einwohnern, aber sicherlich weltbekannt als Sommerresidenz des Papstes. Der päpstliche Palast, der ursprünglich auf eine Gründung Kaiser Domitian zurückgeht und später in eine Burg umgebaut wurde, war von 1628 an nach dem Umbau unter Urban VIII. durch Carlo Moderna Fluchtort der Päpste vor der römischen Sommerschwüle. Erst Papst Franziskus beendete diesen Brauch Ende 2016 und übergab auch die päpstlichen Gemächer dem Museo Palazzo Pontificio di Castel Gandolfo und damit der

Öffentlichkeit. Geschichtlich stehen wir hier auf mehr als ehrwürdigen Boden. Hier soll einst die antike Stadt Alba Longa gelegen haben, die als Metropole Latiums die Gründung ROMs begleitete und dann von den Römern 665 v. Chr. dem Erdboden gleich gemacht wurde. Hier an den Hängen des Monte Cavo kann man sich trefflich erholen und jedes Örtchen der Castelli Romani ist einen Besuch wert, ob Marino, Grottaferrata, Albano Laziale oder Rocca di Papa. Alle haben dabei ihre historische Bedeutung und eigene Geschichte(n). Marino z. B. ist nicht nur wegen seines Weines bekannt, sondern auch als Geburtsort der Freundin Michelangelos, der Dichterin Vittorio Colonna. Grottaferratta überrascht mit seinem Kloster als Sitz griechischer Mönche in Italien und als wasserbewehrte Burg. Schon Papst Leo XIII. nannte die Abtei der Basilianer „einen Edelstein in der Tiara des Papstes“. Wenn nur nicht ROM mit seinen unzähligen Sehenswürdigkeiten in der Nähe läge, was gäbe es hier alles zu entdecken! Allen gemein ist der Weinanbau der besonderen Reben des Weins der Castelli Romani, die auf den Vulkangesteinböden der Campagna Romana wunderbar gedeihen und deren Ursprung auch durch das DOC (Denominazione di origine controllata) geschützt wird. Seit dem 14. Jahrhundert wird dieser Wein (und wahrscheinlich noch viel früher) in ROM und Umgebung genossen!

Meine Empfehlung: *Porchetta Romana oder richtig bekannt als porchetta di Ariccia kross im Backofen oder auf dem Grill am Drehspieß gebraten mit viel Knoblauch, fein gehacktem Rosmarin und Fenchelsamen und in die Soße gehört schon reichlich Frascati sowie natürlich in die Gläser auf dem Tisch. Der feinherbe Geschmack des Frascati verzaubert Essen und Gaumen!*

Mio consiglio: Porchetta di Ariccia arrostita su un giarrosta con tanto aglio, rosmarine, semi di finocchio e tanto vino dei Castelli Romani!

Übrigens: Frascati und seine Geschwister erreicht man bequem mit dem Zug ab ROMA Termini. Die Fahrt via Ciampino mit Trenitalia geht meist stündlich und dauert eine halbe...

2. Tivoli – Villa Adriana und Villa d’Este

Es war Sommer 1970 als ich zum 1. Mal in Kopenhagens Innenstadt den Vergnügungspark „Tivoli“ besuchte und als damaliger Schüler durchaus angetan war von dem riesigen mit Wasserspielen und Blumenrabatten geschmückten Park und seinen Angeboten an Fahrgeschäften, Schießbuden und Rutschbahnen.

Dass ausgerechnet die von den Latinern gegründete Stadt Tibur gerade mal 30 km vor ROM das Synonym für Vergnügungsparks wurde, erschloss sich mir zu Beginn meiner Studienzeit 1971 in ROM erst mal nicht. Bei meinem ersten Besuch des Parks rund um die ***Villa Adriana*** war ich dann einfach nur begeistert von diesen unzähligen Wasserspielen, den künstlichen Seen, den wunderschön angelegten Blumenbeeten und prachtvollen Skulpturen rund um die Theateranlagen. Aber dann wird einem klar, welchen hohen Freizeitwert diese Anlage für die Oberen 100 der römischen Aristokratie hatte und dass dies eben ihr Vergnügungspark war. Kaiser Hadrian ließ sich diese Sommerresidenz, wohl die größte aller römischen Kaiser, außerhalb aber gut erreichbar auf den Tiburtiner Bergen 117 n. Chr. errichten. Über die große Heerstraße Via Tiburtina, über die Via Prenestina und auch per Schiff über den Fiume Aniene, der in den Tiber fließt, konnten wichtige Güter herangeschafft werden. Den Baustoff ***„Travertin“*** gab es ja gleich um die Ecke in den Steinbrüchen. Die riesige Anlage und die mächtigen Palastbauten, die jeweils geschickt miteinander verbunden waren, sollten die Macht und die Stellung des Kaisers unterstreichen. Das ist ihm wahrhaft gelungen. Das Element Wasser spielt an allen Stellen eine hervorragende Rolle. Durch die vorbeilaufende längste Wasserleitung ROMs, der Aqua Marcia, gab es davon genug. So sind auch besonders die Wasseranlagen erwähnenswert, vor allem z. B. das *„Teatro Marittimo“*, eine mit Säulen geschmückte Pavillonanlage mit Wasserkanälen rundum und sogar beweglichen Brücken zum Innenraum. Kaum zu beschreiben, so ungewöhnlich ist dieser Inselpavillon angelegt. Muss man sehen!

Die große und die kleine Therme, der Pecile mit einem riesigen Schwimmbad umgeben, mit Arkaden, die zum Verweilen einluden, der Canapus, ein langes Wasserbecken mit Säulen und Skulpturen, zeigen gestaltete Variationen mit und um Wasser. Wir erleben davon noch reichlich mehr beim Besuch der Villa d'Este unweit direkt im Zentrum Tivolis. Ja, Tivoli und Wasser, das passt. Gespeist durch einen Seitenarm des Fiume Aniene mit einem Netzwerk von Kanälen verbunden wird dieser herrliche Renaissancepark zu einem Wasserwunder. Über 500 Brunnen, Fontänen, Wasserspiele, Grotten und die imposante Wasserorgel schaffen ein phantastisches Ambiente, das wirklich einzigartig ist. Kardinal Ippolito II. d'Este gab den Auftrag zum Bau der Anlage, den er selbst mit seinen zahllosen Ideen bereicherte. Er war der Kunst sehr zugetan. Er konnte es sich aber auch leisten, da er als Kardinal und einflussreicher Statthalter wusste, wie man sich bereichern konnte. So musste natürlich auch ein repräsentativer Palazzo und die entsprechende Gartenanlage her.

Villa d'Este – Fontana di Nettuno

Villa d'Este – Viale delle cento fontane

Das Gefälle am Hang des Valle Gaudente bot die Möglichkeit, über Terrassenanlagen den natürlichen Wasserdruck zu nutzen und durch geschickte Wegführungen den gesamten Park unterhalb der Prachtvilla zu erschließen. Vom Palazzo gelangt man über die Mittelwege zu den großen Fischteichen. An der Nordwestseite liegt an einem Doppelhang der repräsentative Neptunbrunnen mit der berühmten Wasserorgel (Fontana dell' Organo), die nach dem alten pneumatisch-hydraulischen System funktioniert. Seit 2003 erklingen die 144 (Wasser-)Pfeifen wieder, die im 18. Jahrhundert verloren gingen. Der daneben liegende Fontana dell' Ovato dient als riesiger Wasserspeicher und verteilt von dort das Wasser an die 500 Brunnen. Eindrucksvoll auch in der Querachse die Allee der 100 Brunnen (Cento Fontane), die bei den meisten Besucherinnen und Besuchern einen prägenden Eindruck hinterlassen. Übrigens erlebte Kardinal Ippolito II. die Vollendung der Anlage im Jahre 1560 nicht mehr. Er starb zwar erst 1572, musste aber seit 1555 sein Leben im Exil verbringen. Irgendwie wurde ihm sein Reichtum und sein Hang zu immer mehr Geld zum Verhängnis. Papst Paul IV. klagte ihn der Simonie an, also dem Handel mit kirchlichen Ämtern und Gütern, und er musste seine Besitztümer verlassen. Bevor der italienische Staat nach dem 1. Weltkrieg Palast und Gärten übernahm und später gründlich renovierte, gehörte das gesamte Gelände durch Vererbung übrigens dem österreichisch-ungarischen Thronfolger Franz Ferdinand (einem d'Este), der ja 1914 einem Attentat in Sarajewo zum Opfer fiel, dem Startschuss zum 1. Weltkrieg.

Die Fahrt mit dem Bus von ROMA Tiburtina bis Tivoli (Piazza Garibaldi) dauert ca. 45 Minuten – mit dem Zug (Regionalexpress von Trenitalia) ebenfalls von ROMA Tiburtina etwa gleichlang.

3. Ostia Antica – Stadt an der Tibermündung

Ein beliebtes reizvolles Ausflugsziel für die ganze Familie, leicht erreichbar, mit viel Kultur und Erholungscharakter ist Ostia. Die Stadt an der Tibermündung (Ostium) bietet mit ihrem Lido di Ostia Erholung und Sonnenanbetung und mit ihrer antiken Stadtanlage (Ostia Antica) einen wunderbaren Einblick in das Gebilde und die Funktion einer antiken Stadt. Ob zum Lido (Stazione Ostia Lido Centro) oder zu den Ausgrabungen (Stazione Ostia Antica) am schnellsten geht es mit der Metro Linea B bis zur Stazione Piramide und dann mit der S-Bahn ab Stazione Porta S. Paolo (beide Bahnhöfe sind eine Einheit) nach Ostia. Da Ostia seit 1976 ein Stadtteil ROMs ist (X. Municipio) ist der Tarif günstig. Den Lido handeln wir mal schnell ab. Der Ort mit seiner prachtvollen Cristofer Colombo Avenue als Verbindung zur EUR und den vielen Bauten der Mussolinizeit ist ein beliebtes Urlaubsziel der Römer und besonders im August rappelvoll. Außerdem hat die Nähe zum Flughafen Leonardo da Vinci in Fiumicino viele Angestellte angelockt und ihnen ansprechenden Wohnraum geschenkt. ROMs Badewanne ist gestrickt wie die meisten italienischen Orte am Meer, ob an der Adria oder der Riviera. Neben den endlosen Batterien von Sonnenschirmen und Badehütten am Strand folgen in 2. Reihe Hotels und Restaurants in Reih und Glied. Über 100 Speiseorte soll es in Ostia Nuova geben. Und gefeiert wird auch – oft bis spät in die Nacht. Interessant vielleicht noch der Steg Pontile di Ostia, auf dem man trockenen Fußes über das Wasser gehen kann. Ansonsten .... Na ja... Muss nicht ...
Die antike Stadt Ostia lag auch direkt am Meer an der Tibermündung. Die Verlandung und Versandung hat Ostia Antica ins Landesinnere getrieben, so ca. 4 km. Ähnlich wie in Ravenna war auch dort die römische Flotte (Classe) zu Hause und heute fragt man sich, wie die Schiffe 7 km vom Meer über Land gelangen konnten ...
Bedingt durch die Lage am Meer und die Stationierung der römischen Flotte war Ostia eine prosperierende Stadt mit bis zu 50.000 Einwohnern. Nachweislich gibt es sie schon ab dem 4. Jahrhundert v. Chr. In Ostia spiegelt sich das typisch römische Leben wider. Den Mittelpunkt bildet wie immer das Forum, der zentrale Treffpunkt für Geschäfte und Geschwätz. Rundherum viele Geschäfte, die Dinge des täglichen Lebens anboten, so noch gut nachvollziehbar Bäckereien, Fischgeschäfte, Getreidespeicher und dann auch viele Wohnhäuser – teilweise mit zwei Etagen. Spiele gab es natürlich auch. Das 3.000 Personen fassende Teatro ist noch supergut erhalten und wohl größter Anziehungsort der Ausgrabungen. Typisch römisch natürlich auch die Bäder. Gleich am Eingang liegen die Terme di Nettuno, die noch ihren schwarz-weißen Mosaikfußboden zeigen können. Eine andere große Badeanstalt liegt direkt am Forum, die Terme del Foro. Auch weitere wie die Terme del Mitra, in der man dem

Mitraskult frönte, zeigen noch gut ihre alte Struktur und Funktion. Dass man seine Notdurft auch organisiert abgeben konnte, zeigen die teilweise noch gut erhaltenen Latrinae, bei denen fließendes Wasser unter den Steinsitzen vieles Richtung Meer abtransportierte. Den Rest säuberten die Sklaven.

Das Teatro – beliebte Szenerie auch noch heute
(Foto: © CaronB/istockphoto.com)

Die öffentlichen Toiletten Latrinae
(Foto: © Anna_Pakutina/istockphoto.com)

Überhaupt kann man sich durch die vielen noch erhaltenen Reste ein gutes Bild der Stadt machen, sicherlich nicht so gut erhalten wie in Pompeji, aber durch die Größe der Anlage mit mehr als 2 qkm auch nicht so dichtgedrängt. Nehmen Sie sich neben einer guten Orientierungskarte passendes Schuhwerk und genügend Wasser mit. Die Blüte Ostias lag in den ersten Jahrhunderten. Durch die Verlandung verlor Ostia langsam den Anschluss an das Meer und so errichtete Claudius einen zweiten Hafen (Portus), der immer mehr an Bedeutung gewann und mit einem Kanal einen Tiberanschluß bekam. Dieser später weiter ausgebaute Kanal *Fiumen Micinum* gab dem Ort, der heute Sitz des internationalen Flughafens ***Leonardo da Vinci*** ist, den Namen ***Fiumicino***. Mit dem Untergang ROMs, um 300 n. Chr. noch Millionenstadt, Mitte des 6. Jahrhunderts höchstens 100.000, verlor auch Ostia seine Bedeutung. Eine Hafenstadt brauchte man nicht mehr. Als dann auch noch die Päpste Anfang des 16. Jahrhunderts den alten Schiffskanal von Fiumicino weiter ausbauten, war Ostia einfach über. So gingen die Lichter in Ostia endgültig aus - bis die Partylichter des Lidos in den 60er Jahren wieder entzündet wurden. Insgesamt ein wunderschöner Tagesausflug – gleich bei ROM sozusagen „um die Ecke".

4. Cerveteri – als ROM noch in den Windeln lag

Die Römer und die ***Etrusker*** – das ist so eine Geschichte. Zur Gründungszeit ROMs ein großes Vorbild, lange Zeit der große und intelligente Bruder, dann der Todfeind. Irgendwie hatten die Römer auch hier ihren Minderwertigkeitskomplex. Sehr lange bewunderten die Römer Kultur und Wissen der Etrusker. Es war chic, die Söhne nach ***Cerveteri*** zu schicken, um sie fort- und weiter zu bilden. Als ROM noch ein Dorf war, überstrahlte die Stadt Caere (Caere vetus wurde später Cerveteri) den Mittelmeerraum und hatte über seine Hafenanschlüsse enge Verbindungen z. B. nach Griechenland. Zwischen dem 8. und dem 4. Jahrhundert sollen sie rund 100.000 Menschen bewohnt haben. 353 v. Chr. beendeten die Römer endgültig die Bedeutung der Stadt und unterwarfen sie in ihr Reich. Seitdem ist ihr Schicksal mit dem ROMs eng verbunden. Die hohe Kultur der Etrusker beweisen heute noch die Grabfelder der Stadt insbesondere auf der Tuffanhöhe Banditaccia (Necropoli della Banditaccia). Die Grabbeigaben spiegeln den hohen Standard des Volkes wider, das einst vor den Römern ganz Mittelitalien besiedelte. In Architektur, Malerei und Handwerkskunst waren sie einfach weit voraus. Im etruskischen Museum Museo Nazionale Cerite kann man Waffen, Kultgegenstände verschiedene Grabbeigaben wie Schmuck, Parfümfläschchen, Gold- und Bronzearbeiten aber auch eine Vielzahl von Malereien bewundern. Einige der Funde kann man auch in Paris oder London in Museen finden. Ein sehr interessanter Blick in die Zeit vor der Römischen Epoche und wieder ein Beweis, wie sehr sich die Römer an den Errungenschaften anderer Völker bereicherten.

Die Nekropolen von Cerveteri (Foto: © alessandro0770/istockphoto.com)

9. ROM – und doch wollen alle nach Capri

(Un escursione touristico à un posto meraviglioso ma lontano)
Capri – Vedi Capri e poi vivi!

Warum es sich so viele Touristen antun, von ROM aus stundenlang in Bus und Schiff nach Capri zu reisen, liegt wohl an dem einzigartigen Ruf (un posto di fama mondiale) dieser Insel im Golf von Neapel. Die einzigartige Schönheit der Insel, die schon Augustus Tiberius und seine Nachfolger anzog, spricht sich halt rum. Dass es am Tage so voll ist, dass man das Pflaster auf der Piazza Commune kaum sehen kann und an Kö, Schildergasse oder Westenhellweg erinnert wird, weiß man ja vorher nicht. Aber der Reihe nach. Ich wechsele erst mal eben in den Reiseleiterromanmodus...

Um noch etwas von Capri sehen zu können, verlässt man das römische Bett früh. Spätestens um 5 Uhr ist Abfahrt. Nach dem üblichen Busplatzkampf um die vorderen Sitze und um die Sitzbank hinten kann es irgendwann losgehen. Ist es nicht verwunderlich, dass die bei den römischen Spaziergängen nicht unterzukriegenden Touris plötzlich nur noch aus Krüppeln und Reisekranken bestehen und ein Anrecht auf einen Sitzplatz in der 1. Reihe haben? Also schon früh morgens den Platzmoderator zu spielen und „Wechselmodelle" vorzuschlagen, fiel mir immer sehr schwer. Man fragt sich, warum im Zeitalter der Raumfahrt nicht endlich jemand einen Bus erfindet, der nur aus vorderen Sitzen und vielleicht einer Rückbank besteht. Gut sortiert kümmert sich dann aber die Busmannschaft schnell um den nachzuholenden Schlaf und fällt in ein melodisches Schlaf- und Schnarchkonzert. Ich bewundere immer noch die Busfahrer, die für solche Ansteckungen (per fortuna!) immun zu sein scheinen. Auf der fast durchgehend geraden Strada del Sole (A1), die uns über 230 km beherbergen muss, gar nicht so einfach. Ich jedenfalls kämpfe auch mit der Müdigkeit ohne die wenigen Aufrechten beim Passieren des Klosterberges von ***Monte Cassino**** auf das Kloster und seine tragische Geschichte im 2. Weltkrieg hinzuweisen.

**Die Schlacht um den Klosterberg von Monte Cassino gilt als Zeichen für den Irrsinn des Krieges. In den zahlreichen Gefechten um den strategisch wichtigen Berg starben bis zur Aufgabe der Deutschen am 17.Mai 1944 Zehntausende von Soldaten.*

Nach dem Verlassen der Autostrada gilt es immer mit Blick auf die Uhr die schwierigste Etappe zu überwinden. Irgendwie schnell zum Hafen zu kommen (Porto di Napoli) und die Anlegestelle Molo Beverello oder Porto di Massa zu erreichen. Der Hafen von Neapel ist wohl einer der ältesten der Welt. Schon die Griechen richteten hier im 8. Jahrhundert v. Chr. eine Seestation ein. Da wir mit dem Bus da sind, nutzt es auch nichts, dass der Hafen seit 2015 mit einer U-Bahn-Station (Municipio) angebunden ist. Wir müssen durch die oft besungene Stadt des „O sole mio“ , die in diesen Morgenstunden in einem dichten Nebel aus CO2 und anderen Lungenleckerbissen liegt. Dicht an dicht stehen die unendlichen Schlangen von Autos und Lastkarren, die unterstützt durch ein schmerzhaftes Hup-, Pfeif- und Schreikonzert, irgendwie den Weg zum Hafen suchen wollen. Vielen Reisegästen geht hier auch beim Blick auf die verdreckten Straßen und wilden Müllhalden ihr romantisches Bild von Napoli verloren und sie fragen sich, ob die über die Straße gehängte Wäsche nicht vor dem Waschgang sauberer war als nach dem Besuch auf der Wäscheleine ...

Zum Glück schimmert schon um die Ecke das azurblaue Meer. Glücklich die Truppe auf dem Schiff untergebracht beginnt mein Starauftritt, den ich mir in vielen Schiffspassagen hart erarbeitet habe. Ich verkrümele mich, um meinen Schiffsgenossen nicht zu zeigen, wie sehr das Schiff wirklich schwankt und um ansteckende Übelkeitsepedemien zu verhindern. Man glaubt es nicht, wie heftig Strömung und Wind bei herrlichstem Sommerwetter die Überfahrt von einer guten Stunde nach Capri beeinflussen. Ich auf jeden Fall tröste mich an der mittig gelegenen unteren Schiffsbar mit meinen Kolleginnen und Kollegen sowie ein/zwei Cognac oder besser umgekehrt. Weniger ein Herzenswärmer (Scaldacuore) als reine Medizin (Medicina pura)! Auf jeden Fall tut die Solidarität und auch die aufkommende Fröhlichkeit gut!! Die Reisegäste, soweit sie noch aufnahmefähig sind, wenden sich derweil dem von weiten wirklich idyllisch wirkenden Panorama der Insel zu. Sobald sie auf dem Ziel der Träume vieler Touristen angekommen sind, vergeht schnell das romantische Träumen und nach der Schlacht um einen Platz in der ***Funicolare**** noch viel schneller.

Die viel besungene Funicolare (Funicoli, Funicola...), eine Standseilbahn in Capri, verbindet den Hafen Marina Grande mit dem zentralen Piazza Umberto I. mit seinen vielen Cafés und Boutiquen.

À propos Boutiquen: Angelockt durch farbenprächtigste Auslagen, heftig drängende Händler und azurblauem Himmel lässt unser lieber Reisegast neben seinem Verstand auch alles an Barem zurück, was er so bei sich trägt. Und einen Geldautomaten gibt es auch noch! So kauft er Vieles und Teures, auch egal, wenn es das Gleiche zu Hause deutlich günstiger gibt. Aber es wurde eben auf Capri gekauft! Unser Tourist oder besser „Capriinspekteur" muss natürlich auch unbedingt auf Kontrollfahrt zur ***„blauen Grotte" (Grotta Azzura)***. Ich war zwar ca. 30mal in Capri aber nur zweimal in der blauen Grotte, das 1. und das letzte Mal. Nach langem Warten und Überreichung eines Entgelds von mittlerweile 13 € geht es per Ruderboot mit einem „Bückt Euch" in allen zivilisierten Sprachen durch ein 1,5 Meter hohes Felsloch in das blaue Wunder, einer ca. 50 mal 30 Meter großen Höhle, in der das Tageslicht unter dem Wasserspiegel in die Höhle scheint und an der Decke reflektiert. Mit „blau" ist da gar nichts.

Vielleicht entschädigt, dass hier schon Tiberius Augustus ein Bad genommen haben soll!

Marina Grande mit Blick auf die Bergwelt des Monte Solaro

und der Weg zur blauen Grotte

Ein weiteres beliebtes Touristenziel ist das Haus von Axel Munthe, Villa San Michele, bekannt durch sein gleichnamiges Buch. Es liegt herrlich an den Felsen geklebt in der kleinen Ortschaft Anacapri. Der schwedische Modearzt und später sogar Leibarzt der Königin von Schweden verdiente sich im späten 19. Jahrhundert ein Vermögen bei den Reichen und Schönen in ROM und sammelte unzählige Antiquitäten und Kunstwerke, die hier in der Villa noch zu besichtigen sind. Er starb über 90jährig 1949 in Schweden. Allerdings lässt die Küstenstraße von Marina Grande nach Anacapri viele Reisegäste oben angekommen, sich erstmal mit sich selbst beschäftigen. Einer der steilsten und engsten Küstenstraßen im Golf von Neapel fordert ihren Tribut.

Wie viele Vermögen wurden mir schon oben versprochen, wenn ich die Reisegäste wieder wohlbehalten und heil herunterbringen würde. Leider vergisst der Mensch sehr schnell und den eigenen Butler habe ich immer noch nicht…

Mein Lieblingsplatz der Insel liegt auf der Südseite oberhalb der Marina Piccola. Die Gärten des Augustus mit ihren wunderschönen steilen Wegen führen mit stetem Blick auf die Faraglioni-Felsen, einem Arco Naturale, hinunter zum kleinen Hafen und Strand. Schöner als unten am Strand zu sein ist der Blick von oben. Wunderschön, besonders in der Abenddämmerung, wenn man das Privileg hat, auf Capri zu übernachten. Abends ist es unglaublich – sogar auf der Piazza. Nur wenige Gäste bleiben über Nacht und die Atmosphäre ist einfach herrlich romantisch. Der große Augustus hatte mal wieder alles richtig gemacht!

Die Abfahrt von Capri ist der leidlichste Punkt im Tagesablauf und stellt hohe Anforderungen an Orientierungssinn und Durchstehvermögen. Da die meisten Besucher der Insel nur einen Tag hier weilen und wie auf ein geheimes Zeichen gegen 16 Uhr die Mole erstürmen, zeigt sich eher das Bild eines Volksaufstandes. Die enge Mole zwingt zu einer gewissen Disziplin, aber der Strom der Heimreisenden bestimmt die Zielrichtung. Will das Gros nach Napoli, müssen eben die paar Leute, die nach Sorrento wollen, den Umweg über Napoli in Kauf nehmen. Wie oft schon hat man sich im Leben gegen mobilisierte Massen gestemmt? Der Strom reißt alle mit sich fort und so findet man sich eben auf der Santa Maria del Mare statt auf der Santa Lucia wieder. Die Rückfahrt verläuft nach der glücklichen Zählung im Hafen von Neapel ruhig. Ein herrlicher aufregender Tag geht zu Ende und man freut sich schon auf das heimisch gewordene Bett in ROM. Allen kann man jetzt erzählen, man hat viel gesehen, man hat Capri gesehen!

Dass mich der Capriausflug an den schlimmsten Fauxpas meiner Karriere erinnert, erwähne ich erst zum Schluss. Bei einem Weckservice meiner Gruppe weckte ich alle statt um 04.15 Uhr um 2 Uhr und keiner merkte es zunächst. Man zog sich an, suchte den (geschlossenen) Frühstücksraum und fluchte über die Nachlässigkeit des Hotels. Bis eine Stimme aus einem Zimmer (für mich klang es eher nach dem Jenseits) schrie: „Was ist das denn für ein Lärm. Wir müssen heute früh raus!“ Na das war teuer. Eine Runde an der Bar für alle am nächsten Abend war der geforderte Tribut!

Erinnert wird man an sein Capri-Abenteuer sicherlich beim heimischen Italiener bei der Vorspeisenbestellung. **Insalata Caprese*** - also ein Salat nach Capri-Art - gehört dabei auf jede Speisekarte (Menù).

***Insalata Caprese** spiegelt bei der Zubereitung die Farben der italienischen Flagge wider: Rot (rosso), Weiß (bianco) und Grün (verde). Angeblich soll er in den 20er Jahren als Gericht des Jetsets aus Capri kommend seinen Siegeszug durch die kulinarische Welt angetreten haben. Angelo empfiehlt diesen Klassiker der italienischen Küche als Jungbrunnen „ A tavola non s'invecchia":

Erstmal alles gut waschen!! Dann auf einer gekühlten Platte oder Holzbrett aromatische Tomatenscheiben mit Büffelmozzarella-Scheiben bedecken, jeweils mit einem Basilikumblatt belegen und mit grobem Salz aus der Salzmühle sowie Pfeffer versehen. Alles mit gutem Olivenöl beträufeln, das vorher noch mit mediterranen Kräutern, z. B. Oregano verfeinert werden kann. Zum Schluss kann man zur Zierde oder als Geschmacksverstärker (etwas) Balsamicoessig oder Balsamicocreme und Kirschtomaten als Dekoration hinzufügen.

Lavate i pomodori e le foglie di basilico. Disponete i pomodori e la mozzarella di bufala a file alterne su un piatto freddo o un piatto di legno. Guarnite con le foglie di basilico e condite con sale, pepe e un filo d'olio. Se i pomodori non siano abbastanza saporiti, potete aggiungere anque (un po) aceto balsamico o crema d'aceto balsamico da Modena e decorare con pomodorini a ciliegia.

Insalata Caprese – klassisch oder auch mit vielen Variationen – alles ist erlaubt!

10. ROM – Unser Abschied

Arrivederci ROMA e ci vediamo l'anno prossimo

Es heißt Abschied nehmen von ROMA, einer Stadt, die uns schnell ans Herz gewachsen ist. Einer Stadt, die uns mit ihrer Unsterblichkeit beeindruckt und uns fest an ihr Herz gedrückt hat. Wer noch nicht hier war, versteht die ROM-Verrücktheit und die tiefe Verehrung nicht mal ansatzweise.

Wie heißt es im wohl bekanntesten ROM-Abschiedslied:

Arrivederci ROMA, Leb wohl, auf Wiederseh'n!

Wer Dich einmal sah, der muss Dich lieben,

viele Dichter haben Dich beschrieben.

Doch nur wer Dich kennt, kann meine Sehnsucht auch versteh'n!

Und da wir natürlich auch am Trevi-Brunnen unsere Pflicht getan haben, passt auch dieser kleine Vers aus dem Lied:

Ce sta `na leggenda romana legata a `sta vecchia fontana,

per cui se ce butti un soldino costringi er destino a fatte tornà.

Wir sind uns sicher: Wir kommen wieder! Wir haben zwar ROM gesehen, aber nur ein wenig an allem geschnuppert. Wir wollen beim nächsten Mal noch tiefer eintauchen, bei den Spaziergängen die „Abkürzungen" nachholen und mal im Museum nicht nur den Hauptgang gehen ... Es wartet noch so viel auf uns! Dankbar, dass wir alles erleben durften, machen wir uns auf den Heimweg. Natürlich freuen wir uns schon auf unser Zuhause, aber auch auf unseren Lieblingsitaliener, dem wir wie selbstverständlich unsere Bestellung in italienisch übermitteln. So ein *„Per favore Angelo, mi porti una bottiglia di aqua minerale gassata e un buon vino bianco della casa. E come piatto principale questa Saltimbocca alla Romana! Grazie, é bello essere qui!"* geht uns locker von den Lippen. Und dann erzählen wir von unserem großen Abenteuer!

Auch ich danke Ihnen, dass Sie den Weg mit mir gegangen sind. Ich hoffe, dass Ihnen mein ROM gefallen hat, dass Ihnen meine Anregungen Hilfe und Halt waren und die ausgewählten Ziele auch für Sie passend waren.

Es gibt unzählige Dichter und Schriftsteller, die ihr ROM gepriesen und ihre Verehrung ausgedrückt haben. Ich ende mal mit einem gewissen Quintus Flaccus Horatius, na Sie wissen schon, der mit dem „Carpe diem". Ihm konnten wir in ROM an vielen Orten begegnen. ***Horaz*** schrieb noch vor der Zeitenwende voll des Lobes auf seine Stadt:

Lebensspendende Sonne, Du kannst wohl nichts Größeres erblicken als die Stadt ROM.

Und zuallerletzt! Publius Cornelius Tacitus kommt der Wahrheit vielleicht sogar noch etwas näher. Er schrieb ungefähr 100 Jahre später: *„In ROM fließen alle Sünden und Laster zusammen, um verherrlicht zu werden."*

Da gibt es nichts hinzuzufügen! **Basta! Fine!**

11. ROM – Anhänge

11.1. Die römischen Könige und Kaiser

Die altrömischen (oft sagenumwogenenen) Könige

753 v. Chr.	bis	716 v. Chr.	Romulus
715 v. Chr.	bis	672 v. Chr.	Numa Pompilius
672 v. Chr.	bis	640 v. Chr.	Tullus Hostilius
640 v. Chr.	bis	616 v. Chr.	Ancus Marcius
616 v. Chr.	bis	578 v. Chr.	Lucius Tarquinius Priscus
578 v. Chr.	bis	534 v. Chr.	Servius Tullius
534 v. Chr.	bis	510 v. Chr.	Lucius Tarquinius Suberbus

Julisch-Claudisches Herrscherhaus

31 v. Chr.	bis	14 n. Chr.	Augustus Gaius Octavius
14	bis	37	Tiberius Julius Caesar Augustus
37	bis	41	Gaius Caesar Augustus Germanicus Caligula
41	bis	54	Tiberius Claudius Caesar Augustus Germanicus
54	bis	68	Nero Claudius Caesar Augustus Germanicus

Die flavische Dynastie

69	bis	79	Titus Flavius Vespasianus
79	bis	81	Titus Flavius Vespasianus divi Vespasiani filius
81	bis	96	Titus Flavius Domitianus
96	bis	98	Marcus Cocceius Nerva
98	bis	117	Marcus Ulpius Traianus
117	bis	138	Publius Aelius Hadrianus

Die antoninische Dynastie

138	bis	161	Titus Aelius Hadrianus Antoninus Augustus Pius
161	bis	180	Marcus Annius Catilius Severus Aurelius
180	bis	193	Lucius Aurelius Commodus
193			Publius Helvius Pertinax
193			Marcus Didius Severus Julianus
193			Gaius Pescennius Niger

Die Dynastie der Severer

193	bis	211	Lucius Septimus Severus Pertinax
211	bis	217	Lucius Septimus Bassianus Caracalla
211	bis	218	Marcus Opellius Macrinus
218	bis	222	Varius Avitus Bassianus Elagabalus
222	bis	235	Bassianus Alexianus Marcus Aurelius Severus Alexander

Die Soldatenkaiser

235	bis	238	Gaius Julius Verus Maximinus Thrax
238			Gordian I.
238			Gordian II.
238	bis	244	Marcus Antonius Gordianus Sempronianus Romanus Africanus Gordian III.
244	bis	249	Marcus Julius Philippus Arabs
249	bis	251	Gaius Messius Quintus Traianus Decius
251	bis	253	Gaius Vibius Trebonianus Gallus
253			Marcus Aemilius Aemilianus
253	bis	260	Publius Licinius Valerianus anfangs gemeinsam mit
253	bis	268	Publius Licinius Egnatius Gallienus
268	bis	270	Marcus Aurelius Valerius Claudius
270	bis	275	Lucius Domitius Aurelianus
275	bis	276	Marcus Claudius Tacitus
276			Marcus Annius Florianus
276	bis	282	Marcus Aurelius Probus
282	bis	283	Marcus Aurelius Carus
283	bis	284	Marcus Aurelius Carinus
283	bis	284	Marcus Aurelius Numerius Numerianus

Die römische Tetrachien

284	bis	305	Gaius Aurelius Valerius Diocletianus
286	bis	310	Marcus Aurelius Valerius Maximianus Herculius
292	bis	306	Flavius Valerius Constantius Chlorus
292	bis	311	Gaius Galerius Valerius Maximianus
306	bis	312	Marcus Aurelius Valerius Maxentius

Zweite flavische konstantinische Dynastie

306	bis	337	Flavius Valerius Constantinus (Konstantin der Große)
337	bis	340	Flavius Claudius Constantinus (Konstantin II.)
337	bis	350	Flavius Julius Constants
337	bis	361	Flavius Julius Constantius (Constantius II.)
361	bis	363	Flavius Claudius Julianus (Apostata)
363	bis	364	Flavius Jovianus

Die valentinianische Dynastie

364	bis	375	Flavius Valentinianus (Valentinian I.)
364	bis	378	Aurelius Valerius Valens
375	bis	383	Flavius Gratianus

Die theodosianische Dynastie

375	bis	392	Flavius Valentinianus (Valentinian II.)
379	bis	395	Flavius Theodosius (Theodosius I.)

Ende des einen Römischen Reiches

395	bis	423	Flavius Honorius
425	bis	455	Flavius Placid(i)us Valentinianus (Valentinian III.)
457	bis	461	Julius Valerius Maiorianus
467	bis	472	Flavius Procopius Anthemius
474	bis	480	Julius Nepos (de iure letzter Kaiser Westroms)
475	bis	476	Romulus Augustus (de facto letzter weströmischer Kaiser)

11.2 Stichwortverzeichnis

Wo finde ich was?	*Kapitel*	*Seite*
Funicolare	9	143
Garibaldi, Anita	6.1	23, 34
Garibaldi, Guiseppe	6.1	23, 34
Gianicolo	6.1	22, 34
Giordano Bruno	6.2	43, 51
Grotta azzura	9	144
Guardia Svizzera	6.1	29, 42
Horaz	10	148
Il Gesù	6.2	44, 52
Isola Tiberina	6.4	84, 94
Johann Wolfgang von Goethe		35, 38, 71
Marina Grande di Capri	9	142
Metropolitana di Roma	6.5	105
Michelangelo Buonarotti		27, 36, 45, 53, 128
Monumento Nazionale a Vittorio Emanuele II.	6.3	64, 73
Muro Aureliano	6.2	58
Museo Nazionale Romano	6.5	97, 107
Napoli	9	143, 145
Ostia Antica	8.3	139
Palatino	6.4	77, 88
Pantheon	6.2	45, 53
Piazza Colonna	6.3	62, 72
Piazza Navona	6.2	46, 55
Piazza San Pietro	6.1	26, 36
Piazza Venezia	6.3	64, 74
Ponte Sant'Angelo	6.2	48, 49, 58
Porta Maggiore	6.1	33
Raphael	6.2	46, 54
San Giovanni in Laterano	6.5	100, 111
Santa Croce in Gerusalemme	6.5	103, 112
Santa Maria degli Angeli e dei Martiri	6.5	97, 106
Santa Maria in Cosmedin	6.4	82, 91
Santa Maria in Trastevere	6.1	19, 31